ANDREW CARNEGIE

DIE WAHRHEIT ÜBER REICHTUM UND GELD

Andrew Carnegie

ANDREW CARNEGIE

DIE WAHRHEIT ÜBER REICHTUM UND GELD

Nach den Übersetzungen von
Antoinette Gittinger, E. E. Lehmann,
Joseph M. Grabisch und P. L. Huber
zusammengestellt, bearbeitet
und mit einem Nachwort versehen von
Mario Florin

OESCH VERLAG

Die Deutsche Bibliothek – CIP-Einheitsaufnahme

Carnegie, Andrew:
Die Wahrheit über Reichtum und Geld /
Andrew Carnegie. – Nach den Übers. von Antoinette Gittinger,
E. E. Lehmann, Joseph M. Grabisch und P. L. Huber
bearb. und mit einem Nachw. vers. von Mario Florin
Zürich – Oesch, 2000
ISBN 3-85833-581-9

Satz: Oesch Verlag
Druck und Bindung: Wiener Verlag, Himberg
ISBN 3-85833-581-9

Gern senden wir Ihnen unser Verlagsverzeichnis:
Oesch Verlag, Jungholzstraße 28, 8050 Zürich
E-Mail: info@oeschverlag.ch
Telefax 0041/1 305 70 66 (CH: 01/305 70 66)

Unser Buchprogramm finden Sie im Internet unter:
www.oeschverlag.ch

»Wenn Du nicht vergessen sein möchtest,
wenn Du tot und verwest bist,
dann schreibe entweder Dinge, die des
Lesens wert sind, oder tue Dinge,
die des Aufschreibens wert sind.«

BENJAMIN FRANKLIN

INHALT

WIE ICH MEINE LEHRE BESTAND

Es bereitet mir großes Vergnügen, zu erzählen, wie ich als Kaufmann meine Lehre bestand. Vorher aber muß ich die Frage beantworten, warum ich Kaufmann wurde. Ich bin sicher, daß ich nie eine kaufmännische Laufbahn gewählt haben würde, wenn ich frei hätte wählen können.

Als ältester Sohn von Eltern, die selbst arm waren, mußte ich leider bereits in sehr jungen Jahren beginnen, irgendeine nützliche Arbeit zu verrichten, um rechtschaffen meinen Unterhalt zu gewinnen. So lernte ich denn schon in sehr früher Kindheit, pflichtgemäß meinen Eltern beizustehen, um wie sie so bald als möglich ein Mitglied der Familie zu werden, das zu ihrem Unterhalt beitragen würde. Was ich an Arbeit bekommen konnte, war maßgebend, nicht was ich mir wünschte.

Als ich geboren wurde, war mein Vater ein behäbiger Webermeister in Dunfermline in Schottland. Er besaß nicht weniger als vier Damaststühle und beschäftigte Lehrjungen. Es war dies vor den Tagen des Dampfbetriebs für Leinenweberei. Ein paar große Kaufleute nahmen Bestellungen auf und beschäftigten Webermeister wie meinen Vater, die das Zeug webten, während die Kaufleute das Material dazu lieferten.

Als sich das Fabriksystem entwickelte, ging die Handweberei natürlich zurück, und mein Vater war einer derjenigen, die unter dem Wechsel zu leiden hatten. Die erste ernste Lehre meines Lebens wurde mir an dem Tag zuteil, als er dem Kaufmann seine letzte Arbeit abgeliefert hatte und tief betrübt in unser kleines Heim zurückkehrte, weil keine Arbeit mehr für ihn zu haben war. Ich war damals erst etwa 10 Jahre alt, aber diese Lehre prägte sich tief in mein Herz ein, und ich beschloß, daß das Gespenst der Armut eines Tages, wenn es in meiner Macht stünde, aus unserem Haus vertrieben werden sollte.

Im Familienrat kam nun die Frage auf, ob wir die alten Stühle verkaufen und nach den Vereinigten Staaten auswandern sollten. Ich hörte, wie hierüber tagtäglich beratschlagt wurde. Schließlich beschloß man, den entscheidenden Schritt zu tun und Verwandten nachzufolgen, die sich bereits in Pittsburgh befanden. Ich erinnere mich sehr wohl, daß sowohl mein Vater als auch meine Mutter diese Veränderung als ein großes Opfer von ihrer Seite ansahen. Sie glaubten aber, »es würde so für die beiden Jungen besser sein«.

Wenn man in späterer Zeit, wie ich es jetzt tue, zurückblickt und sich darüber wundert, wie Eltern zum Besten ihrer Kinder auf ihre eigenen Wünsche vollständig verzichten, muß man ihr Andenken mit Gefühlen verehren, die der Anbetung nahe kommen.

Nach unserer Ankunft in Allegheny City (wir waren unser vier: Vater, Mutter, mein jüngerer Bruder und ich) trat mein Vater in eine Baumwollfabrik ein. Ich folgte bald, half als »Spulenjunge« und begann auf diese Weise, mich auf meine spätere Lehrzeit als Kaufmann vorzubereiten. Ich war damals etwa 12 Jahre alt und bekam 1.20 Dollar die Woche.

Ich kann nicht sagen, wie stolz ich war, als ich meinen ersten eigenen Wochenverdienst erhielt. Einen Dollar und 20 Cents, die ich selbst erworben und die man mir gegeben hatte, weil ich der Welt von Nutzen gewesen war! Ich war nun endlich nicht mehr von meinen Eltern vollständig abhängig, sondern imstande, ihnen als erwerbendes Mitglied der Familiengemeinschaft zu helfen! Ich denke, das macht mehr als alles andere aus einem Knaben einen Mann und auch einen wahren Mann, wenn man überhaupt einen Keim echter Männlichkeit in sich hat. Fühlen, daß man nützlich ist, ist alles.

Ich habe in meinem Leben mit großen Geldsummen zu tun gehabt. Viele Millionen Dollar sind seitdem durch meine Hände gegangen. Die echte Genugtuung, die ich über jenen einen Dollar und die 20 Cents empfand, wiegt aber mehr als jede spätere Freude am Gelderwerb. Dieses Geld war der unmittelbare Lohn rechtschaffener Handarbeit; es war das Resultat einer Woche harter Arbeit, so harter Arbeit, daß das Wort Sklaverei kein allzu starker Ausdruck dafür wäre, wenn ihn nicht sein Zweck und Ziel mit Weihe umgeben würde.

Jeden Morgen, außer dem heiligen Sonntagmorgen, aufstehen, frühstücken, auf die Straße hinaustreten, seinen Weg in die Fabrik gehen und mit der Arbeit beginnen, während es draußen noch finster ist, erst erlöst sein, nachdem es am Abend wieder dunkel geworden ist, mit nur 40 Minuten Mittagspause: das ist für einen Burschen von 12 Jahren ein schreckliches Los.

Ich war aber jung und hatte meine Träume, und etwas sagte mir, daß es nicht auf die Dauer so bleiben würde, könne und dürfe – daß ich eines Tages zu einer besseren Stellung kommen würde. Außerdem fühlte ich mich nicht mehr als Knabe, sondern als kleiner Mann, und dies machte mich glücklich.

Ein Wechsel trat bald ein, denn ein freundlicher alter Schotte, der mehrere unserer Verwandten kannte und Spulen verfertigte, nahm mich in seine Fabrik, bevor ich 13 wurde. Eine Zeitlang war es hier indessen noch schlimmer als in der Baumwollfabrik, da ich im Keller einen Kessel zu heizen und die kleine Dampfmaschine, die den Betrieb bewegte, in Gang zu halten hatte. Das Heizen des Kessels war mir ganz recht, denn glücklicherweise wurde nicht mit Kohlen, sondern mit Holzabfällen gefeuert, und ich hatte schon immer gern mit Holz gearbeitet. Die Verantwortung für die Maschine und das Wissen, daß ein Fehler von mir die ganze Fabrik in die Luft fliegen lassen könnte, bedeuteten aber eine zu große Anspannung, und oft erwachte ich, weil ich noch im Schlaf den Dampfdruckmesser ablas. Nie aber sagte ich daheim, daß ich einen harten Kampf zu bestehen hatte. Nein, nein! Alles mußte den Eltern freundlich erscheinen. Es war dies ein Ehrenpunkt, denn jedes Mitglied der Familie arbeitete hart, mein kleinerer Bruder natürlich ausgenommen, der noch ein Kind war, und wir erzählten einander nur die angenehmen Dinge. Übrigens pflegt ein Mann nicht zu weinen und die Flinte ins

Korn zu werfen – eher würde er sterben. Einen Dienstboten gab es in unserer Familie nicht, und ein paar Dollar wöchentlich verdiente meine Mutter als Schuhmacherin nach der Verrichtung ihres Tagwerkes. Auch der Vater hatte in der Fabrik hart zu arbeiten. Konnte ich mich da beklagen?

Mein gütiger Arbeitgeber, John Hay – Friede seiner Asche! –, befreite mich bald von der unverhältnismäßigen Anstrengung, denn er brauchte jemand, der ihm die Rechnungen schrieb und die Bücher führte, und da er fand, daß ich eine deutliche Schulbubenhandschrift hatte und rechnen konnte, machte er mich zu seinem einzigen Kommis. Noch aber hatte ich in der Fabrik hart zu arbeiten, denn die Schreiberei nahm nur wenig Zeit in Anspruch.

Über die Armut wird immer wieder wie über ein großes Übel gejammert, und man scheint anzunehmen, daß die Menschen glücklicher und nützlicher wären und mehr vom Leben hätten, wenn sie nur reich wären.

In der Regel findet sich in der bescheidenen Hütte der Armen eine höhere Befriedigung, ein edleres Leben und eine größere Lebensfreude als in dem Palast der Reichen. Ich bedaure immer die Söhne und Töchter der reichen Leute, denen Diener aufwarten und die Erzieherinnen haben, tröste mich dabei aber mit dem Gedanken, daß sie nicht wissen, was sie entbehren. Auch sie haben zärtliche Väter und Mütter und meinen, daß sie diesen Segen im vollsten Maße genießen; und doch können sie das nicht, denn der Sohn des Armen, der in seinem Vater seinen beständigen Gefährten, Lehrer und

Berater und in seiner Mutter – welch heiliger Name! – seine Ernährerin, Erzieherin, Beschützerin, seine Heilige, alles in einer Person, besitzt, genießt ein reicheres, köstlicheres Glück als der nicht so begünstigte Sohn eines Reichen. Im Vergleich dazu zählen alle andern Glücksumstände nur wenig.

Weil ich weiß, wie süß und glücklich und rein, wie frei von verwirrenden Sorgen, von sozialem Neid und Eifersucht das Heim rechtschaffener Armut ist, wie liebevoll und einig seine Besitzer sein können, habe ich mit dem Jungen des Reichen Mitgefühl, während ich die Jungen des Armen beglückwünsche. Aus diesen Gründen sind aus den Reihen der Armen immer so viel starke, hervorragende, selbstbewußte Männer hervorgegangen und müssen immer solche aus ihnen hervorgehen.

Wenn man die Liste der Unsterblichen liest, wird man finden, daß die meisten von ihnen in Armut geboren wurden.

Es erscheint heutzutage allgemein als wünschenswert, die Armut abzuschaffen. Wir sollten hingegen vielmehr danach streben, den Luxus abzuschaffen; die ehrliche, fleißige, sich selbst verleugnende Armut abzuschaffen hieße nämlich den Boden zu zerstören, auf dem die Menschheit die Tugenden hervorbringt, die unserer Rasse die Erreichung einer noch höheren Stufe der Zivilisation ermöglichen, als sie sie jetzt schon einnimmt.

Ich komme jetzt zu der dritten Stufe meiner Lehre, denn wie man sieht, hatte ich bereits zwei erklommen, die Baumwollfabrik und dann die Spulenfabrik. Mit der dritten – aller guten Dinge sind bekanntlich drei – kam die Erlösung. Ich erhielt eine Anstellung als Telegrafenbote im Pittsburgher Telegrafenbüro, als ich 14 Jahre alt war. Hier trat ich in eine neue Welt ein.

Inmitten von Büchern, Zeitungen, Griffeln, Federn, Tinte und Schreibunterlagen, in einem sauberen Büro mit reinen Fenstern und einer literarischen Atmosphäre war ich der glücklichste Junge, den es auf der ganzen Welt gab.

Meine einzige Sorge war, daß ich eines Tages entlassen werden könnte, weil ich die Stadt nicht kannte, denn für einen Telegrafenboten ist es nötig, alle Firmen und Adressen der Leute zu kennen, die Telegramme zu erhalten pflegen. Ich war aber in Pittsburgh fremd. Ich beschloß indessen, der Reihe nach jedes Geschäftshaus in den Hauptstraßen hersagen zu lernen, und konnte bald mit geschlossenen Augen auf der einen Seite der Wood Street anfangen und alle Firmen nacheinander bis ans Ende und dann auf der andern Seite herunter alle bis ans andere Ende aufzählen. Binnen kurzer Zeit war ich imstande, dasselbe mit den übrigen Geschäftsstraßen zu tun. Mein Gewissen war dann über diesen Punkt beruhigt.

Natürlich will jeder ehrgeizige Telegrafenbote Telegrafist werden, und ehe die Telegrafisten frühmorgens kamen, schlüpften die Jungen hinauf zu den Instrumenten und übten. Ich tat dies auch und konnte mich bald mit den Jungen in den anderen Büros der Linie entlang unterhalten, die ebenfalls übten.

Eines morgens hörte ich Philadelphia Pittsburgh anrufen und das Zeichen »Todesnachricht« geben. Man er wartete damals gerade mit großer Aufmerksamkeit Todesnachrichten, und ich dachte, ich sollte versuchen, die angemeldete anzunehmen. Ich antwortete, nahm die Meldung an und lieferte sie ab, ehe der Telegrafist kam. Von da an pflegten mich die Telegrafisten zuweilen zu bitten, für sie zu arbeiten.

Da ich ein empfängliches Ohr für den Schall hatte, lernte ich bald Telegramme nach dem Gehör aufzunehmen, was damals sehr ungewöhnlich war – ich glaube, damals konnten das in den Vereinigten Staaten nur zwei Personen. Heute nimmt jeder Telegrafist nach dem Gehör auf, so leicht ist es, zu folgen und zu tun, was jeder andere Junge kann – wenn man muß. Dies machte mich bekannt; schließlich wurde ich Telegrafist und empfing die für mich ungeheure Besoldung von 25 Dollar den Monat – 300 Dollar im Jahr!

Dies war für mich ein Vermögen – genau die Summe, die ich mir als Fabrikarbeiter vorgestellt hatte, weil die Familie von 300 Dollar jährlich leben und dabei praktisch unabhängig sein konnte. Da war diese Summe nun endlich! Bald aber sollte ich für besondere Arbeiten zusätzlich vergütet werden: Die sechs Zeitungen Pittsburghs bekamen gemeinsame Telegrammnachrichten. Sechs Abschriften jeder Depesche wurden von einem Herrn angefertigt, der hierfür 6 Dollar die Woche bekam. Er bot mir einen Golddollar wöchentlich, wenn ich es tun wollte, worüber ich außerordentlich froh war, da ich immer gern mit Nachrichten zu tun hatte und für Zeitungen schreiben wollte.

Die Berichterstatter holten jeden Abend die Nachrichten, die ich fertiggemacht hatte, in einem Zimmer ab, und dies brachte mich in sehr angenehme Berührung mit diesen gewandten Leuten. Überdies erhielt ich einen Golddollar die Woche Taschengeld, denn diesen zählte ich nicht zum Familieneinkommen.

Ich denke, diese eben beschriebene Arbeit kann mit vollem Recht als »Geschäft« angesehen werden; das andere Einkommen war der Lohn für die regelmäßige Arbeit. Hier aber führte ich ein kleines Geschäftsunternehmen auf eigene Rechnung, und ich war in der Tat auf meinen Golddollar sehr stolz.

Bald darauf wurde die *Pennsylvania Railroad* bis Pittsburgh vollendet, und Thomas A. Scott, ein kaufmännisches Genie, war ihr Inspektor. Er kam oft nach dem Telegrafenbüro, um sich mit seinem Vorgesetzten, dem Generalinspektor in Altoona, zu unterhalten. Auf diese Weise wurde ich mit ihm bekannt.

Als diese große Eisenbahngesellschaft eine eigene Telegrafenlinie errichtete, forderte er mich auf, sein Kommis und Telegrafist zu werden; ich verließ daher das Telegrafenbüro – wo ein junger Mann tatsächlich in großer Gefahr ist, dauernd begraben zu werden – und begann bei der *Pennsylvania Railroad.* Die neue Stellung war von einer Gehaltsaufbesserung begleitet, die für mich ganz außerordentlich groß war. Mein Gehalt sprang von 25 auf 35 Dollar im Monat. Mr. Scott erhielt damals 125 Dollar den Monat, und ich pflegte mich darüber zu wundern, was auf der Welt er mit soviel Geld tun könne.

Ich blieb 13 Jahre lang im Dienst der *Pennsylvania*

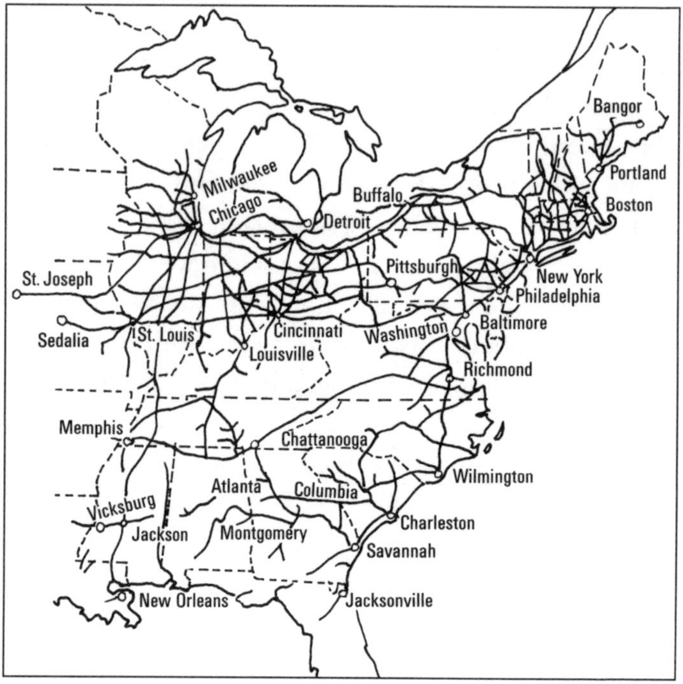

Das Eisenbahnnetz der USA im Jahre 1860.

Railroad und war zuletzt Inspektor der Pittsburgher Bahnabteilung als Nachfolger Mr. Scotts, der inzwischen in die Stellung eines Vizepräsidenten der Gesellschaft aufgerückt war.

Eines Tages fragte mich Mr. Scott, der ein äußerst gütiger Mann war und mich sehr gern mochte, ob ich 500 Dollar für eine Kapitalanlage hätte oder aufbringen könnte.

Jetzt kam mein Geschäftsinstinkt ins Spiel. Da mir die Tür zu einer geschäftlichen Anlage mit meinem Chef offenstand, hätte ich nach meinem Gefühl der Vorse-

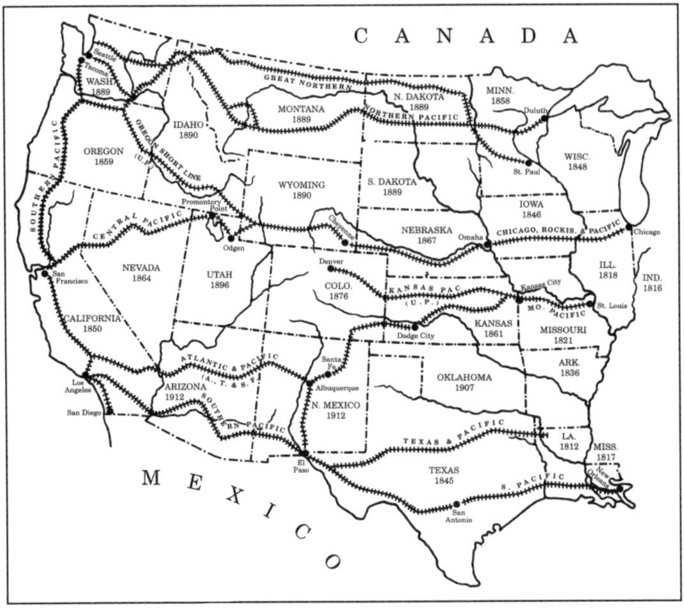

Erschließung des Westens durch die Eisenbahn 1850–1900.

hung halsstarrig ins Gesicht geschlagen, wenn ich nicht freudig darauf zugesprungen wäre, und so antwortete ich denn rasch: »Jawohl, ich glaube, ich kann es.«

»Gut«, sagte er, »beschaffen Sie das Geld; es ist eben jemand gestorben, der zehn Anteile der *Adams Express Company* besitzt, die Sie kaufen können. Es wird Sie jeder Anteil 50 Dollar kosten, und ich kann Ihnen mit einem kleinen Betrag aushelfen, wenn Sie nicht alles aufbringen können.«

Es war eine eigentümliche Sache. Das verfügbare Vermögen der ganzen Familie betrug weniger als 500 Dollar. Von einem Mitglied der Familie, meiner Mutter, deren Tüchtigkeit, Mut und Hilfe uns nie fehlten, war ich sicher, daß sie das Geld auf die eine oder andere Weise beschaffen würde.

Hätte allerdings Mr. Scott unsere Lage gekannt, würde er es selbst vorgeschossen haben. Unsere Armut zu offenbaren und uns auf andere zu verlassen war aber das letzte, was wir als stolze Schotten getan hätten. Die Familie hatte es zu jener Zeit zuwege gebracht, ein kleines Haus zu kaufen und zu bezahlen, um die Miete zu sparen. Soviel ich mich erinnere, war es 800 Dollar wert.

Die Angelegenheit wurde an jenem Abende dem Rate der drei vorgelegt, und aus dem Munde unserer Mutter sprach das Orakel: »Es muß geschehen. Nehmen wir eine Hypothek auf das Haus. Ich werde morgen früh den Dampfer nach Ohio nehmen, den Onkel besuchen und ihn bitten, die Sache in Ordnung zu bringen. Ich bin sicher, er kann es.« Dies geschah. Natürlich war ihr Besuch erfolgreich – wo hätte sie je Mißerfolg gehabt?

Das Geld wurde beschafft und ausgezahlt; zehn Anteile der *Adams Express Company* waren mein; niemand wußte aber, daß unser kleines Haus verpfändet worden war, »um unserm Jungen unter die Arme zu greifen«.

Die *Adams-Express-Aktien* zahlten damals monatlich Dividenden von 1%. Ich habe heute noch die erste Anweisung von 5 Dollar vor Augen und erinnere mich genau an die Unterschrift »J. C. Babcock, Kassier«.

Am nächsten Tage, einem Sonntag, machten wir Jungen – ich und meine stets treuen Gefährten – unsern üblichen Ausflug aufs Land, und als wir uns im Walde niedergesetzt hatten, zeigte ich ihnen diese Anweisung mit den Worten: »Eureka! Es ist erreicht!«

Ein Ertrag aus Kapital war für uns alle etwas Fremdes und Neues, denn keiner von uns hatte je Geld erhalten, außer er hatte dafür gearbeitet.

Wie Geld Geld erzeugen konnte, wie ohne jede besondere Bemühung meinerseits dieser geheimnisvolle goldene Besucher vorsprechen sollte, brachte die jungen Burschen ins Grübeln, und ich wurde zum ersten Mal in meinem Leben als »Kapitalist« begrüßt.

Man sieht, ich fing an, meine Lehre als Geschäftsmann in befriedigender Weise zu bestehen.

Ein sehr wichtiges Ereignis meines Lebens trat ein, als eines Tages im Zuge ein netter, fremd ausschauender Herr an mich herantrat und mir sagte, er habe vom Schaffner erfahren, daß ich Beziehungen zur *Pennsylvania Railroad* hätte. Er möchte mir gern etwas zeigen. Aus einer kleinen grünen Tasche zog er das Modell des ersten Schlafwagens hervor. Es war Mr. Woodruff, der Erfinder des Schlafwagens.

Die Sache leuchtete mir sofort ein. Ich bat ihn, die folgende Woche nach Altoona zu kommen. Mr. Scott nahm den Gedanken mit seiner gewöhnlichen Schnelligkeit auf. Mit Mr. Woodruff wurde ein Vertrag abgeschlossen, nach welchem er für die *Pennsylvania Railroad* versuchsweise zwei Wagen betreiben sollte. Bevor er Altoona verließ, kam er zu mir, um mir eine Beteiligung an dem Unternehmen anzubieten, worauf ich sofort einging. Wie ich aber meine Zahlungen leisten sollte, beunruhigte mich ziemlich, denn die Wagen waren nach der Lieferung in monatlichen Raten zu bezahlen, und meine erste monatliche Zahlung sollte 227 ½ Dollar betragen.

Ich hatte das Geld nicht und sah kein Mittel, es zu bekommen. Schließlich entschloß ich mich, den Bankier des Ortes zu besuchen und ihn um ein Darlehen zu bitten, wobei ich mich verpflichtete, es in monatlichen Raten von 15 Dollar zurückzuzahlen. Er gewährte es mir sofort. Ich werde nie vergessen, wie er mir die Hand auf die Schulter legte und sagte: »O ja, Andy, Sie handeln richtig, wenn Sie dieses Geschäft eingehen!«

Ich stellte bei dieser Gelegenheit meinen ersten Wechsel aus. Welch großer Tag – und jetzt wird sicher niemand bestreiten, daß ich im Begriff war, »Kaufmann« zu werden. Ich hatte meinen ersten Wechsel gezeichnet, und – was viel wichtiger ist, denn einen Wechsel zeichnen kann jeder – ich hatte einen Bankier gefunden, der gewillt war, ihn zu akzeptieren.

Meine späteren Zahlungen beglich ich aus den Einkünften der Schlafwagen. Mit meiner Anlage in der Woodruff-Schlafwagen-Gesellschaft machte ich in der Tat meinen ersten beträchtlichen Gewinn. Die Gesellschaft wurde später von Mr. Pullmann übernommen, einem bedeutenden Manne, dessen Name heute in der ganzen Welt bekannt ist.

Bald darauf wurde ich zum Inspektor der Pittsburgher Abteilung der *Pennsylvania Railroad* ernannt und kehrte in meine alte liebe Heimat, das rauchige Pittsburgh, zurück. Man gebrauchte damals für die Eisenbahnen ausschließlich Holzbrücken; die *Pennsylvania Railroad* machte aber Versuche mit einer Brücke aus Gußeisen. Ich sah, daß Holzbrücken in der Zukunft den Anforderungen nicht mehr genügen würden, und bildete in

Pittsburgh eine Gesellschaft für den Bau von Eisenbrücken.

Mein Kapitalanteil an dieser Gesellschaft betrug 1250 Dollar; da ich das Geld nicht hatte, nahm ich wieder Zuflucht bei der Bank. So gründeten wir die Keystone-Brückenwerke, die sich als sehr erfolgreich erwiesen. Diese Gesellschaft baute die ersten großen Brücken von 300 Fuß Spannweite über den Ohiofluß; sie hat seitdem viele wichtige Bauten ausgeführt.

Dies war mein Anfang als Fabrikant, und aus diesem Anfang sind alle unsern andern Werke hervorgewachsen, indem die Gewinne des einen Geschäftes das folgende begründeten. Meine »Lehre« als Kaufmann erreichte bald ihr Ende, denn ich gab meine Stellung als Beamter der *Pennsylvania Railroad* auf, um mich ausschließlich meinen Geschäften zuzuwenden. Ich war nun nicht mehr ein bloßer Angestellter, der gegen Besoldung für andere, sondern ein vollauf flügger Geschäftsmann, der auf seine eigene Rechnung arbeitete.

Ich war nie ganz damit einverstanden gewesen, für andere Leute zu arbeiten. Ein Eisenbahnbeamter hat im besten Falle den Genuß eines bestimmten Gehaltes zu erwarten, und er muß sehr vielen Leuten gefallen; selbst wenn er es bis zum Präsidenten bringt, hat er zuweilen einen Ausschuß von Direktoren, die nicht wissen können, was am besten zu tun ist. Und selbst wenn diese Körperschaft befriedigt ist, hat er einen Ausschuß von Anteileignern, die ihn kritisieren, und da die Anlagen nicht ihm gehören, kann er sie nicht so verwalten, wie er möchte.

Mein Lieblingsgedanke war immer, mein eigener Herr zu sein, etwas zu erzeugen und vielen Leuten Beschäftigung zu geben. Wenn man Pittsburgher ist, kommt nur ein Produkt in Frage, denn Pittsburgh war bereits damals die erste Eisen und Stahl erzeugende Stadt Amerikas.

So fingen meine unentbehrlichen und tüchtigen Teilhaber, die, wie ich mit Freuden bekenne, meine Jugendgefährten gewesen waren – einige eben jener Jungen, die damals die Anweisung auf 5 Dollar bewundert hatten –, mit mir das Geschäft an, und noch fahren wir fort, es zu erweitern, um den beständig wachsenden und beständig wechselnden Bedürfnissen unseres außerordentlich fortschreitenden Landes ein Jahr nach dem anderen zu begegnen.

Immer hoffen wir, daß wir uns nicht noch weiter auszudehnen brauchen, stets aber finden wir wieder, daß ein Aufschub weiterer Ausdehnung einen Rückschritt bedeuten würde, und noch heute lösen sich die Verbesserungen und Erfindungen so schnell ab, daß für uns noch ebensoviel zu tun bleibt wie am Anfang.

Wenn eine Stahlfabrik zu wachsen aufhört, fängt sie an zurückzugehen, und so müssen wir denn fortfahren, uns auszudehnen. Als Ergebnis dieser ganzen Entwicklung sind heute in Pittsburgh 3 Pfund fertigen Stahls für 2 Cents zu kaufen, was billiger ist als irgendwo anders auf der Erde. Unser Vaterland ist der größte Eisenerzeuger der Welt geworden.

Und hiermit endet die Geschichte meiner Lehre und meines Aufrückens als Geschäftsmann.

DAS EVANGELIUM DES REICHTUMS

Das Problem der Verwaltung des Reichtums.
Was wir mit unserem enormen Reichtum machen sollen

In unserem Zeitalter besteht das Problem darin, Reichtum richtig zu verwalten, damit sich Arme und Reiche nach wie vor durch ein brüderliches Band harmonisch miteinander verbunden fühlen.

Im Laufe der letzten hundert Jahre haben sich die Lebensbedingungen des Menschen nicht nur verändert, sondern buchstäblich revolutioniert. In früheren Zeiten unterschieden sich die Wohnung, die Kleidung, die Nahrung und die äußeren Lebensumstände des Häuptlings und seiner Krieger nur wenig voneinander. Heute haben die Indianer die Stufe erreicht, auf der sich der zivilisierte Mensch schon damals befand. Als ich die Sioux besuchte, wurde ich zum Wigwam des Häuptlings geleitet, der von außen genauso aussah wie jene seines Volkes. Selbst im Inneren war der Unterschied im Vergleich zum Wigwam der ärmsten seiner Krieger nur gering. Heute demonstriert der Kontrast zwischen dem Palast des Millionärs und der Hütte des Arbeiters die Veränderung, die sich dank der Zivilisation vollzogen hat und die nicht zu bedauern, sondern als höchst nützlich zu begrüßen ist. Für den Fortschritt des Menschengeschlechts ist es gut, ja sogar wichtig, daß die Häuser einiger als Versammlungsort für jene dienen, die in Kunst und Literatur Rang und Namen haben und in denen alle künstlerischen Leistungen der Zivilisation gesammelt werden. Es ist auf jeden Fall sinnvoll, große Summen für die Kultur auszugeben. Ohne Reichtum gäbe es auch keine Mäzene.

Die »gute alte Zeit« war in Wirklichkeit gar nicht so gut

Die »gute alte Zeit« war keineswegs eine gute Zeit, denn weder Herr noch Diener waren so gut gestellt wie heute. Eine Rückkehr zu den damaligen Verhältnissen wäre für beide verheerend – insbesondere für den Diener – und würde die Errungenschaften der Zivilisation zunichte machen. Aber ob es nun eine Veränderung zum Guten oder zum Schlechten war, wir können nichts daran ändern. Also müssen wir sie akzeptieren und das Beste daraus machen. Es wäre vergeudete Zeit, an etwas Unvermeidlichem rütteln zu wollen.

Die Ursache für die Veränderung liegt in der Massenproduktion

Es ist leicht nachzuvollziehen, wodurch die Veränderung bewirkt wurde. Das ganze Geheimnis liegt in der industriellen Herstellung von Gütern. Dies gilt für alle Wirtschaftsbereiche und wird durch die Erfindungen unseres wissenschaftlichen Zeitalters gefördert. Früher wurden die Waren in Heimarbeit gefertigt, meistens in kleinen Läden, die in den Haushalt integriert waren. Der Meister und seine Lehrlinge, die in seiner Familie lebten und folglich dieselben Bedingungen wie dieser genossen, arbeiteten Seite an Seite. Wenn diese Lehrlinge selber zum Meister aufstiegen, änderte sich an ihrem Lebensstil nichts oder nur wenig. Und sie unterwiesen ihre Lehrlinge wiederum auf dieselbe Art und Weise, wie sie es erlebt hatten. Im wesentlichen herrschte soziale Gleichheit, ja sogar politische, denn wer in der Produktion beschäftigt war, hatte in der Politik nichts oder nur wenig zu sagen.

Das Ergebnis: bessere Qualität zu niedrigeren Preisen

Das unvermeidliche Ergebnis einer solchen Produktionsmethode waren minderwertige Artikel zu hohen Preisen. Heute erhält man erstklassige Waren zu Preisen, die die Generation vor uns noch für unmöglich gehalten hätte. Im Handel haben ähnliche Ursachen ähnliche Ergebnisse gezeitigt, was zum Wohle der Menschen gereichte. Die Armen genießen nun, was sich die Reichen zuvor nicht leisten konnten. Luxusartikel wurden zu gängigen Verbrauchsgütern. In unserer Zeit genießt der Arbeiter mehr Annehmlichkeiten als der Bauer einige Generationen zuvor. Der Bauer verfügt heute über mehr Luxus als der Gutsherr von einst. Seine Wohnverhältnisse haben sich verbessert, und seine Kleidung ist eleganter geworden. Der Gutsherr besitzt Bücher und kostbare

Gemälde, und seine Inneneinrichtung beweist mehr Kunstverstand als ehemals die des Königs.

Aber die Beziehung Arbeitgeber - Arbeitnehmer ist gespannt

Doch der Preis, den wir für diese positive Veränderung zahlen, ist zweifellos hoch. Der Arbeitgeber weiß wenig oder gar nichts über die Tausenden von Arbeitern, die in seiner Fabrik oder in seiner Mine arbeiten, und er wiederum stellt für sie nichts weiter als einen Mythos dar. Jegliche Kommunikation zwischen ihnen ist unterbunden. Starre Kasten bilden sich, und wie gewöhnlich erzeugt gegenseitige Ignoranz gegenseitiges Mißtrauen. Keine Kaste hegt Sympathie für die andere, jede ist im Gegenteil bereit, alles zu tun, um die andere zu verunglimpfen. Aufgrund des Gesetzes des Wettbewerbs ist ein Arbeitgeber, der Tausende von Arbeitern beschäftigt, zu strengsten Sparmaßnahmen gezwungen, die vor allem die Löhne betreffen. Deshalb entstehen oft Reibungen zwischen Arbeitgebern und Arbeitnehmern, zwischen Kapital und Arbeit, zwischen reich und arm, wodurch die menschliche Gesellschaft an Zusammenhang verliert.

Wir verdanken unsere materielle Entwicklung dem Gesetz des Wettbewerbs

Der Preis, den die Gesellschaft für das Gesetz des Wettbewerbs zahlt, ist genauso hoch wie der für Komfort und Luxus, aber die Vorteile dieses Gesetzes sind größer als die Nachteile. Denn ihm verdanken wir unsere großartige materielle Entwicklung, die bessere Lebensbedingungen zur Folge hat. Aber ob dieses Gesetz nun positiv ist oder nicht, es gilt für es das gleiche wie für die Veränderung der Lebensbedingungen der Menschen, von welchen eben die Rede war: Es gibt dieses Gesetz, wir können uns ihm nicht entziehen, und bisher wurde noch kein Ersatz dafür gefunden. Selbst wenn es für den einzelnen manchmal hart sein mag, ist es für die Menschen insgesamt optimal, denn es garantiert das Überleben des Fähigsten in jedem Wirtschaftsbereich. Deshalb akzeptieren wir als Bedingungen, denen wir uns anpassen müssen, große Ungleichheit in unserem Umfeld und die Konzentration von Unternehmen in Industrie und Handel in den Händen weniger. Dabei erweist sich das Gesetz des Wettbewerbs nicht nur als Segen, sondern sogar als Voraussetzung für den Fortschritt der Menschen. Hat man dies akzeptiert, eröffnet sich für die speziellen Fähigkeiten des Kaufmanns und Fabrikbesitzers, die ihre Geschäfte in großem Maßstab abwickeln müssen, ein weites Betätigungsfeld. Ungeachtet des Standorts, der staatlichen Gesetze oder der Umstände, erweist sich Organisations- und Managementalent für die wenigen, die darüber verfügen, als äußerst einträglich.

Personen mit Managertalent sind der Schlüssel zum Erfolg

Erfahrene Geschäftsleute, die jemanden als Partner gewinnen wollen, berücksichtigen dabei in erster Linie dessen Eigenschaften und nicht seine Liquidität, denn fähige Männer bringen es sowieso schnell zu Vermögen. Das Kapital vermehrt sich in den Händen mittelloser, aber talentierter Männer sehr schnell, denn sie beteiligen sich in Millionenhöhe an Firmen oder Körperschaften. Geht man davon aus, daß sich ihre Investition ganz normal verzinst, sind ihre Einkünfte bald höher als ihre Ausgaben, was ihnen letztlich zu Reichtum verhilft. Diese Männer können sich nicht im Mittelfeld bewegen, denn das große Produktions- oder Handelsunternehmen, das keine Zinsen aus seinem Kapital erwirtschaftet, geht bald pleite. Entweder entwickelt es sich weiter, oder es fällt zurück, es darf unter keinen Umständen stagnieren. Soll es Erfolg haben, muß es als Grundvoraussetzung nicht nur Zinsen auf das Kapital erwirtschaften, sondern darüber hinaus auch Gewinn machen. Dieses Gesetz gilt genauso wie die anderen und sorgt dafür, daß dank des freien Spiels der Marktkräfte Männer, die diese spezielle Geschäftstüchtigkeit besitzen, bald mehr Geld besitzen, als sie nach den Gesetzen der Vernunft ausgeben können. Dieses Gesetz ist für die Menschen genauso nützlich wie alle übrigen.

Einwände gegen die Fundamente, auf denen die Gesellschaft ruht, sind nicht angebracht, denn die Situation der Menschen ist auf dieser Grundlage viel besser als auf allen anderen, die bereits ausprobiert worden sind. Und auf den Erfolg irgendwelcher neuer Alternativen können wir uns nicht verlassen.

Wettbewerb ist die Grundlage der modernen Gesellschaft

Der Sozialist oder Anarchist, der versucht, die derzeitigen Verhältnisse umzustürzen, greift damit das Fundament an, auf dem die Zivilisation ruht. Diese nahm ihren Anfang an dem Tag, als der fähige, fleißige Arbeiter zu seinem unfähigen, faulen Arbeitskameraden sagte: »Wenn du nicht säst, sollst du auch nicht ernten.« Und der frühe Kommunismus endete damit, daß die Drohnen von den Bienen getrennt wurden. Jemand, der sich mit diesem Thema befaßt, erkennt bald, daß die Zivilisation auf der Heiligkeit des Eigentums beruht, d. h. dem Recht des Arbeiters auf seine hundert Dollar auf der Sparkasse und dem legitimen Recht des Millionärs auf seine Millionen. Wenn die Menschen den Fortschritt erleben oder zumindest ihren derzeitigen Stand halten wollen, muß jedem gestattet sein, »ungestört unter seinem Rebstock und Feigenbaum zu sitzen«. Jene, die vorschlagen, diesen ausgeprägten Individualismus durch den Kommunismus zu ersetzen, erhalten zur Antwort: Die Menschen haben es bereits versucht. Jeglicher Fortschritt seit jener unkultivierten Zeit bis heute entstand durch Veränderung. Die Anhäufung von Reichtum durch jene, die die Fähigkeit und die Energie besaßen, ihn zu schaffen, hat den Menschen nur Vorteile gebracht. Doch selbst wenn wir kurz erwägen sollten, daß es für die Menschen besser wäre, ihre derzeitige Grundlage, den Individualismus, aufzugeben, und einräumen würden, daß es für den Menschen ein edleres Ideal wäre, nicht nur für sich selbst zu arbeiten, sondern mit und für seine Mitmenschen, und daß er alles mit ihnen teilen und somit Swedenborgs[1] Vorstellung vom Himmel verwirklichen solle, der behauptet, die Engel würden ihr Glück nicht in der Arbeit für sich selbst, sondern in der Arbeit für die anderen finden, würde die Antwort lauten: Das wäre keine Evolution, sondern eine Revolution. Diese erforderte, daß sich das Wesen des Menschen veränderte, was eine Arbeit von Äonen wäre, sofern es überhaupt gut wäre, es zu verändern, was wir nicht wissen können.

Der Versuch, das Wesen des Menschen zu verändern, ist nicht zu verwirklichen

In unserem Zeitalter ist dies nicht mehr zu verwirklichen. Auch wenn es theoretisch wünschenswert wäre, kann sich die Veränderung erst in einer viel späteren Gesellschaftsform vollziehen. Unsere Pflicht ist es, uns um das zu kümmern, was derzeitig machbar ist, d. h., wir müssen in unserer Zeit und in unserer Gesellschaft den nächstmöglichen Schritt tun. Es ist sträflich, unsere En-

[1] Emanuel von Swedenborg (1688–1772), schwedischer Naturforscher und Theosoph. Carnegies Vater war ein Anhänger seiner Lehre.

ergien damit zu vergeuden, den Baum der Menschheit aus der Erde zu reißen. Um Erfolg zu haben, müssen wir ihn lediglich ein wenig in die Richtung biegen, wo er unter den gegebenen Umständen die besten Chancen hat, gute Früchte zu tragen. Genauso sinnlos wäre es, die Vernichtung der am höchsten entwickelten Menschen anzustreben, weil sie unser Ideal, den Individualismus, das Privateigentum, das Gesetz der Anhäufung von Reichtum und das Gesetz des Wettbewerbs außer Kraft zu setzen, nicht erreicht haben. Dabei ist all dies das Ergebnis menschlicher Erfahrung, der Boden, auf dem die Gesellschaft bisher die besten Früchte geerntet hat. Auch wenn diese Gesetze manchmal vielleicht als ungerecht und dem Idealisten als unvollkommen erscheinen mögen, sind sie, genau wie der höchst kultivierte Mensch, das Beste und Wertvollste, was die Menschheit je hervorgebracht hat.

Wahrer Reichtum liegt in den Händen weniger Individuen

Wir gehen also von einer Situation aus, durch die die hohen Ziele der Menschen gefördert werden, die aber unweigerlich nur wenigen Menschen zu Reichtum verhilft. Hat man bis dahin die Umstände so akzeptiert, wie sie sind, kann die Situation kontrolliert und als gut bezeichnet werden. Doch dann erhebt sich die Frage – und wenn die obigen Ausführungen richtig sind, ist es die einzige Frage, mit der wir uns auseinandersetzen müssen: Wie verwaltet man Reichtum richtig, nachdem dieser dank der Gesetze, auf denen die Zivilisation beruht, nur wenigen zuteil wurde? Und ich glaube, ich habe auf diese wichtige Frage die richtige Lösung. Allerdings spreche ich hierbei von beachtlichen Vermögen, nicht von bescheidenen Summen, die jahrelang mühsam angespart wurden, um die Ausbildung der Kinder und den Lebensstandard der Familie zu gewährleisten. Dabei geht es nicht um Reichtum, sondern um Kompetenz, die alle anstreben und sich zum Wohle der Gesellschaft aneignen sollten.

Drei Möglichkeiten, über Reichtum zu verfügen

Für übermäßigen Reichtum gibt es nur drei Verwendungsmöglichkeiten: Das Vermögen kann den Familien des Verstorbenen hinterlassen oder dem Staat vermacht werden. Drittens besteht die Möglichkeit, daß die Besitzer großer Geldmittel bereits zu Lebzeiten darüber verfügen. Der größte Teil des Weltvermögens in den Händen weniger wurde bisher entsprechend den ersten beiden Möglichkeiten verwendet. Wir wollen nun jede dieser Möglichkeiten näher betrachten.

Die erste stellt die unvernünftigste dar. In einer Monarchie werden die Ländereien und der größte Teil des Vermögens dem Erstgeborenen vererbt. Der Eitelkeit des Herrschers wird dadurch geschmeichelt, daß sein Name und sein Titel ungeteilt an die nachfolgenden Generationen weitergegeben werden. Allerdings beweist die heutige Situation der Monarchie in Europa das Scheitern solcher Hoffnungen oder ehrgeizigen Bestrebungen. Die königlichen Erben verarmten aufgrund ihrer eigenen Torheit oder wegen des Wertverlusts der Ländereien. Selbst in Großbritannien hat sich das strenge Fideikommiß-Gesetz[2] als unzureichend erwiesen, um die Erbfolge aufrechtzuerhalten. Somit ging der Landbesitz schnell in fremde Hände über. In der Republik vollzieht sich die Vermögensaufteilung unter den Kindern viel gerechter. Dennoch drängt sich jedem, der nachdenkt, die Frage auf: Warum soll man seinen Kindern ein großes Vermögen vererben? Geschieht dies aus Liebe – ist es dann nicht eine irregeleitete Liebe? Die Erfahrung lehrt nämlich, daß es, allgemein gesprochen, für die Kinder nicht gut ist, auf diese Weise belastet zu werden. Es ist auch nicht gut für den Staat. Deshalb sollten Ehemänner und Väter, die ihre Ehefrau und ihre Töchter über ein bescheidenes Maß hinaus finanziell unterstützen und ihren Söhnen, wenn überhaupt, geringe Zuschüsse zukommen lassen wollen, sich dies gut überlegen. Es ist ja längst erwiesen, daß ein großes Vermögen dem Erben häufig mehr zum Nachteil als zum Vorteil gereicht. Kluge Männer werden bald erkennen, daß sie sowohl im Interesse ihrer Kinder als auch dem des Staates ihr Vermögen nicht richtig nutzen, wenn sie es erst nach ihrem Tode verteilen.

[2] Ein Gesetz, wonach Familienvermögen, meistens Grundbesitz, stets in der Hand eines Familienmitglieds (Erben) zu bleiben hat.

Ich lege damit keineswegs nahe, daß Männer, die es versäumt haben, ihre Söhne dazu zu erziehen, ihren Lebensunterhalt selbst zu verdienen, diese gleich der Armut preisgeben sollen. Wenn es einem Mann gelungen ist, seinen Söhnen klarzumachen, daß sie ein nutzloses Leben führen, oder, was höchst empfehlenswert ist, ihnen vor Augen zu führen, daß es ihre Pflicht ist, unentgeltlich für das Gemeinwohl zu arbeiten, dann besteht ihre Aufgabe natürlich darin, sie mit Maßen zu unterstützen. Es gibt zahlreiche Beispiele von Millionärssöhnen, die trotz ihres Reichtums der Gemeinschaft große Dienste leisteten. Sie sind das Salz der Erde und ebenso wertvoll wie bedauerlicherweise selten. Man soll aber nicht von den Ausnahmen, sondern von den Regelfällen ausgehen. In Anbetracht der bekannten Auswirkungen von Vermächtnissen großer Vermögen muß der vernünftige Mann zur Einsicht gelangen: »Würde ich meinem Sohn statt der allmächtigen Dollars einen Fluch hinterlassen, käme es auf das gleiche heraus.« Insgeheim müßte er sich eingestehen, daß diese Vermögen nicht im Hinblick auf das Wohlergehen der Kinder vererbt werden, sondern aus Familienstolz.

Die zweite Möglichkeit

In diesem Falle fällt nach dem Tod des Erblassers das Erbe dem Staat zu. Daß ein Mann bis zu seinem Tod damit wartet, etwas Gutes zu tun, stellt aber nur eine Möglichkeit der Vermögensverteilung dar. Das Wissen um die Auswirkungen von Vermächtnissen ist nicht gerade dazu angetan, die Hoffnung zu erwecken, daß diese nach dem Tod des Erblassers noch viel Gutes bewirken werden. Bei dieser Möglichkeit hat der Schenkende keine Kontrolle über die Auswirkungen seiner Schenkung.

In vielen Fällen wird das eigentliche Ziel des Erblassers nicht erreicht, denn viele Erben vereiteln seine wahren Wünsche. Oftmals zeugt die Verwendung des Erbes von der Torheit des Erben. Man darf nicht vergessen, daß genausoviel Talent erforderlich ist, das Vermögen so zu nutzen, daß es der Gemeinschaft zum Segen gereicht, wie Begabung nötig war, um Reichtum anzuhäufen. Im übrigen braucht niemand für das gelobt zu werden, was er unbedingt tun will; auch ist ihm die Gemeinschaft, der er sein Vermögen erst nach seinem Tode hinterläßt, nicht zu Dank verpflichtet. Es drängt sich nämlich der Verdacht auf, daß Menschen, die erst nach ihrem Tod riesige Summen »verschenken«, dies bestimmt nicht getan hätten, wenn sie das Geld hätten mitnehmen können. Die Erinnerung an solche Männer kann nicht in Ehren gehalten werden, denn ihre Vermächtnisse sind kein Anlaß zur Freude. Deshalb ist es nicht verwunderlich, daß im allgemeinen auf einer solchen Hinterlassenschaft kein Segen zu liegen scheint.

Die Erhöhung der Erbschaftssteuer

Die immer größer werdende Tendenz, große Nachlässe stärker zu besteuern, ist ein deutliches Indiz für einen zunehmenden positiven Meinungsumschwung in der Öffentlichkeit. Der Staat Pennsylvania zum Beispiel beansprucht – von einigen Ausnahmen abgesehen – ein Zehntel des Nachlasses seiner Bürger. Der Haushaltsplan, der vor kurzem dem britischen Parlament vorgelegt wurde, enthält den Vorschlag, die Erbschaftssteuer zu erhöhen und, was noch bemerkenswerter ist, die Steuer künftig zu staffeln. Von allen Besteuerungsarten scheint diese die vernünftigste zu sein. Männer, die ihr Leben lang ein Vermögen anhäufen, dessen sinnvolle Verwendung für öffentliche Einrichtungen der Gemeinschaft zugute käme, aus der es ja zum großen Teil erwachsen ist, sollten davon überzeugt werden, daß die Gemeinschaft (der Staat) nicht um den ihr zustehenden Anteil gebracht werden darf. Indem der Staat den Nachlaß hoch besteuert, zeigt er seine Verachtung für das wertlose Leben des selbstsüchtigen Millionärs.

Die Staaten sollten noch einen Schritt weiter gehen

Es wäre wünschenswert, wenn die Staaten in dieser Richtung noch einen Schritt weiter gingen. Es ist nämlich schwierig, den Anteil des Vermögens eines reichen Mannes, das nach seinem Tod durch Vermittlung des Staates der Öffentlichkeit zufällt, zu ermitteln. Die Erbschaftssteuer sollte auf alle Fälle gestaffelt werden, d. h., kleine Vermächtnisse für Abhängige sollten nicht besteuert werden, aber die Steuer sollte entsprechend der Höhe des Vermögens steigen, bis, wie in Shakespeares *Der Kaufmann von Venedig,* der Staat dann »die Hälfte seiner Güter [des Bürgers] an sich ziehn« wird.[3]

Diese Politik würde gut funktionieren, wenn der reiche Mann dazu bewegt werden könnte, sich zu Lebzeiten um die Verfügung über sein Vermögen zu kümmern. Dieses Ziel sollte die Gesellschaft immer im Auge behalten, da es für das Volk weitaus das lohnendste ist. Es besteht kein Anlaß zu der Befürchtung, daß diese Politik die Initiative und das Bestreben der Menschen, Vermögen anzuhäufen, beeinträchtigen könnte. Denn es steht fest, daß die Reichen, die ein großes Vermögen hinterlassen möchten, damit nach ihrem Tod über sie geredet wird, noch mehr Aufmerksamkeit erregen würden, wenn sie noch zu Lebzeiten dem Staat große Summen übertragen würden, was bei weitem wertvoller wäre.

Die dritte und beste Möglichkeit, über Vermögen zu verfügen

Es bleibt schließlich nur noch eine Möglichkeit, ein großes Vermögen zu verteilen. Sie stellt das genaue Gegenbeispiel zur derzeitigen ungleichen Vermögensverteilung dar und bildet einen Ausgleich zwischen Armen

[3] Shakespeare, *Der Kaufmann von Venedig,* Akt 4, Szene 1.

und Reichen, denn sie strebt eine harmonische Koexistenz an, ein Ideal, das sich jedoch von dem des Kommunismus unterscheidet, da lediglich die Weiterentwicklung der bestehenden Verhältnisse gefordert wird, nicht jedoch die völlige Zerstörung unserer Zivilisation. Diese beruht nämlich auf dem gegenwärtigen höchst ausgeprägten Individualismus, den die Menschen allmählich zu akzeptieren lernen. Unter seinem Einfluß werden wir einen idealen Staat schaffen, in dem der enorme Reichtum einiger weniger im besten Sinne das Eigentum vieler werden wird, da er für das Gemeinwohl verwaltet wird. Und dieses Vermögen kann in den Händen weniger viel eher zu einer starken Kraft werden, die zur Vervollkommnung unseres Geschlechts beiträgt, als wenn es in kleinen Summen an das Volk verteilt würde. Diese Erkenntnis kann sogar den Ärmsten begreiflich gemacht werden, so daß sie davon überzeugt sind, daß sie mehr Nutzen davon haben, wenn die Gelder aus dem Besitz einiger ihrer Mitbürger für öffentliche Einrichtungen verwendet werden, als wenn die Summen im Laufe vieler Jahre in Bagatellbeträgen an sie verteilt würden.

Die Cooper Union dient als gutes Beispiel

Vergleichen wir zum Beispiel die Geldmittel, die die *Cooper Union* den Armen in New York zufließen läßt, mit denen, die zum Wohl der Menschen gedient hätten, wenn Mr. Cooper zu Lebzeiten die gleiche Summe in Form von Löhnen verteilt hätte – die höchste Form der Geldverteilung, da sie für geleistete Arbeit erfolgt und nicht als Almosen –, können wir die Möglichkeiten des Gesetzes von der Anhäufung von Reichtum für die Vervollkommnung der Menschen abschätzen. Wäre dieses Geld in kleinen Beträgen unter die Menschen verteilt worden, wäre ein Großteil für Konsumgüter und ein Teil davon für irgendwelche Extravaganzen ausgegeben worden. Es muß sogar bezweifelt werden, ob der Teil des Geldes, der für die Verbesserung der Wohnverhältnisse am besten genutzt worden wäre, überhaupt Auswirkungen auf die Menschen insgesamt gehabt hätte. Es wären in etwa die gleichen Beträge gewesen wie die, die seit Generationen von der *Cooper Union*[4] für Mittellose aufgewendet werden. Die Befürworter gewaltsamer oder radikaler Veränderungen sollten darüber gründlich nachdenken.

[4] Die *Cooper Union for the Advancement of Science and Art* ist eine private Bildungseinrichtung in New York, die allen Studenten ein kostenloses Studium in Kunst, Architektur und Ingenieurwesen ermöglicht. Sie wurde 1859 von Peter Cooper gegründet und existiert heute noch. Peter Cooper (1791–1883) war der Erbauer der ersten Dampflokomotive Nordamerikas. Er machte sein Vermögen mit einer Klebstoffabrik und einer Eisengießerei, mit dem Handel von Grundstücken, mit Versicherungen, Eisenbahnen und Telegrafengesellschaften. Er war einer der Promotoren des ersten Atlantikkabels. Cooper ist ein klassisches Beispiel für eine Vom-Tellerwäscher-zum-Millionär-Karriere: Als Sohn eines Arbeiters konnte er nur ein knappes Jahr lang zur Schule gehen. Noch als reicher Mann empfand er diesen Mangel an Ausbildung; die letzten dreißig Jahre seines Lebens verbrachte er mit dem Aufbau und dem Unterhalt einer Schule »für Buben und Mädchen, die, wie seinerzeit ich selber, keine guten Chancen haben«. Die *Cooper Union* war eine der ersten Schulen, die Kinder und Frauen der Arbeiterklasse gratis unterrichtete – und das lange, bevor der allgemeine Zugang zu Bildung realisiert wurde.

Ein weiteres Beispiel: Tildens Nachlaß – eine Bibliothek

Wir wollen noch ein weiteres Beispiel anführen: Mr. Tildens[5] Vermächtnis von 5 Millionen Dollar für die kostenlose Benutzung einer Bibliothek mitten in New York. Unwillkürlich drängt sich dabei der Gedanke auf: Wieviel sinnvoller wäre es gewesen, wenn sich Mr. Tilden in seinen letzten Lebensjahren selber um die richtige Verfügung dieser riesigen Summe gekümmert hätte? In diesem Falle hätten weder eine gerichtliche Anfechtung noch sonstige Verzögerungstaktiken sein Vorhaben beeinträchtigt. Aber gehen wir davon aus, daß Mr. Tildens Millionen schließlich dazu verwendet werden, in New York eine vornehme öffentliche Bibliothek einzurichten, in der die Schätze der Welt in Form von Büchern jedermann unentgeltlich zugänglich sind. Wäre den Menschen auf Manhattan Island und Umgebung auf die Dauer besser gedient gewesen, wenn diese Millionen in kleinen Beträgen an die Menschen verteilt worden wären? Selbst die überzeugtesten Anhänger des Kommunismus müßten hier Zweifel anmelden, was aber bei den meisten Intellektuellen wohl nicht der Fall sein dürfte.

[5] Samuel Jones Tilden (1814–86), amerikanischer Anwalt und Politiker, Kämpfer gegen die Korruption. Von seinem Vermögen von 5 Millionen Dollar bestimmte er ungefähr 4 für den Bau und Unterhalt einer öffentlichen Bibliothek in New York City. Weil die Erben diese Bestimmung anfochten, konnten schließlich nur etwa 2 Millionen ihrem ursprünglichen Zweck zugeführt werden.

Die Reichen besitzen die Macht, der Menschheit zu helfen

Unsere Möglichkeiten als Durchschnittsbürger sind gering und eingeschränkt, unser Horizont begrenzt und selbst unsere beste Arbeit unvollkommen. Aber die Reichen sollten für eine unschätzbare Gnade dankbar sein, die ihnen zuteil wurde. Sie sind nämlich in der Lage, ihr Leben lang Geld in Projekte zu investieren, die ihren Mitmenschen zugute kommen, was wiederum ihrem eigenen Leben zur Ehre gereicht. Wahrscheinlich wird das Leben nicht dadurch bereichert, daß man in der Nachfolge Christi lebt wie Graf Tolstoi[6], sondern dadurch, daß man die veränderten Lebensbedingungen dieses Zeitalters erkennt und sie im christlichen Sinne nutzt. Orientieren wir uns an Christi Leben und Lehre, dann muß unsere Sorge vor allem dem Wohl unserer Mitmenschen gelten, was wir auch entsprechend den Gegebenheiten unserer Zeit in die Tat umsetzen sollten.

Die eigentlichen Pflichten des reichen Mannes

Der Reiche hat folgende Pflichten: Er soll ein bescheidenes, unauffälliges Leben führen, weder Prunk noch Extravaganz demonstrieren. Außerdem soll er die be-

[6] Leo Tolstoi (1828–1910), einer der größten Romanautoren des 19. Jahrhunderts *(Krieg und Frieden, Anna Karenina),* versuchte nach seiner religiösen Wandlungserfahrung, ein Leben der Gewaltlosigkeit zu leben, und trat für ein neues, reines Urchristentum ein.

rechtigten Wünsche der von ihm abhängigen Menschen bis zu einem gewissen Grad erfüllen. Zudem soll er alle zusätzlichen Einkünfte bloß als anvertraute Fonds betrachten, die er pflichtbewußt so zu verwalten hat, daß sie der Gemeinschaft den größtmöglichen Nutzen bringen. Wenn der Reiche sein überlegenes Wissen, seine Erfahrung und sein Talent als Manager in den Dienst seiner ärmeren Mitmenschen stellt, wird er deren Vermögensverwalter. Er hilft ihnen damit mehr, als sie sich selbst helfen könnten.

Die Öffentlichkeit ist der Maßstab guten Geschmacks

Wir sehen uns hier mit dem Problem konfrontiert, zu bestimmen, was man unter kleinen Geldbeträgen versteht, die man den Familienmitgliedern hinterläßt, und was ein bescheidenes, unauffälliges Leben ist und worin sich Extravaganz ausdrückt. Hierfür gibt es verschiedene Maßstäbe. Die Antwort lautet, daß man bestimmte Beträge oder Verhaltensweisen genausowenig festlegen kann, wie man gute Manieren, guten Geschmack oder Anstandsregeln definieren kann. Auch wenn sie nicht genau zu definieren sind, handelt es sich hier um bekannte Normen. Die breite Öffentlichkeit erkennt schnell, was gegen sie verstößt. Genauso verhält es sich mit dem Reichtum. Hier gilt die Regel des guten Geschmacks in bezug auf die Kleidung von Mann und Frau. Alles, was auffällt, verstößt gegen die Norm. Fällt eine Familie hauptsächlich dadurch auf, daß sie sich gern nach außen darstellt, in bezug auf Wohnen, Essen und Autos Extravaganz zeigt oder protzerisch eine Menge Geld ausgibt, fällt es uns leicht, deren Charakter und Bildung zu beurteilen. Das gleiche gilt für die Verwendung oder den Mißbrauch ihres enormen Reichtums oder die großzügige Bereitstellung ihres Kapitals für nützliche öffentliche Einrichtungen oder ihre unermüdlichen Bemühungen, bis an ihr Lebensende Geld anzuhäufen, über das sie entweder zu Lebzeiten verfügt oder das sie vererbt. Die Gemeinschaft wird sicherlich ihr Urteil abgeben, und sie irrt sich nur selten.

Eines der größten Hindernisse für die Vervollkommnung

Die besten Verwendungsmöglichkeiten für riesige Vermögen wurden bereits erwähnt. Jene, die mit Geld umgehen, müssen nämlich klug sein, denn eines der großen ernstzunehmenden Hindernisse, das der Vervollkommnung der Menschen entgegensteht, ist die willkürliche Wohltätigkeit. Es wäre tatsächlich besser für die Menschheit, wenn die Millionen der Reichen im Meer versenkt würden, statt für die Unterstützung der Faulen, der Trinker und der Unwürdigen gespendet zu werden. Von 1000 Dollar, die heutzutage für sogenannte wohltätige Zwecke ausgegeben werden, werden vermutlich 950 Dollar sinnlos verschleudert – sie werden nämlich dafür eingesetzt, genau die Mißstände, die mit dem Geld gemildert oder ganz beseitigt werden sollten, heraufzubeschwören. Neulich berichtete ein bekannter Autor philosophischer Bücher, daß er einem Mann, der ihn anbettelte, als er gerade das Haus seines Freundes betreten wollte, einen Vierteldollar schenkte. Da ihm die Gewohnheiten dieses Bettlers völlig unbekannt waren, wußte er nicht, was dieser mit dem Geld anfangen würde, obwohl er argwöhnen mußte, daß es wohl kaum sinnvoll verwendet werden würde. Der Mann bezeichnete sich als Schüler von Herbert Spencer.[7] Dieser Vierteldollar, der an jenem Abend gespendet wurde, wird vermutlich mehr Unheil anrichten, als all das Geld Nutzen bringen wird, das sein gedankenloser Besitzer je aus echter Nächstenliebe verschenken wird. Mit diesem Almosen tat er nur sich selber etwas Gutes, indem er sich Verdruß ersparte. Vermutlich war dies eine der selbstsüchtigsten und verwerflichsten Handlungen im Leben dieses Mannes, der im übrigen höchst ehrenwert ist.

[7] Herbert Spencer (1820–1903), englischer Philosoph und Soziologe. Vertrat die Lehre, die Welt entwickle sich in einem Prozeß der zunehmenden Anpassung an die Umwelt durch Vererbung und Ausscheidung der Nichtangepaßten immer weiter nach oben (sog. »Sozialdarwinismus«). Der Staat hat keine andere Aufgabe, als diesen natürlichen Prozeß zu unterstützen. Sozialstaatliche Eingriffe werden von Spencer abgelehnt. Carnegie verstand sich als Anhänger Spencers, wobei nicht ganz klar ist, wie gründlich er sich mit dessen Lehre beschäftigt hat. Der Verweis auf Spencer in der Textstelle soll die Inkonsequenz im Handeln jenes Mannes betonen.

Helfen Sie jenen, die sich selbst helfen

Wenn man Gutes tun will, sollte man sich von der Überlegung leiten lassen, jenen zu helfen, die sich selbst helfen. Einen Teil des Geldes sollte man jenen überlassen, die ihre Lage verbessern wollen, und man sollte jenen Geld geben, die Unterstützung suchen, damit sie wieder auf die Beine kommen. Natürlich soll man helfen, aber möglichst selten oder nie alle Kosten für den anderen übernehmen. Weder das Individuum noch die Menschen insgesamt werden durch Almosen besser. Allerdings bitten jene, die Hilfe verdienen, von wenigen Fällen abgesehen, selten um Hilfe. Die wirklich wertvollen Menschen werden nie um Geld betteln, es sei denn, sie hätten einen Unfall gehabt oder ihr Leben habe sich von heute auf morgen verändert. Natürlich kennt jeder von uns Menschen, für die eine vorübergehende Unterstützung eine große Hilfe darstellt, die man ihnen selbstverständlich auch bereitwillig gewährt. Aber die Höhe des Betrags, den der einzelne mit Bedacht spenden soll, muß zwangsläufig begrenzt sein, da ja der Spender die Umstände des Almosenempfängers nicht kennt. Der einzige wahre Reformer ist der, der sich sorgfältig bemüht, nicht dem Unwürdigen zu helfen, sondern dem, der es verdient. Vermutlich wird deshalb durch Almosen viel Unheil angerichtet, weil das Laster und nicht die Tugend gefördert wird.

Beispiele von anderen reichen Männern, die ihren Beitrag zum Gemeinwohl geleistet haben

Somit bleibt dem reichen Mann fast nichts anderes übrig, als dem Beispiel von Peter Cooper, Enoch Pratt aus Baltimore, Mr. Pratt aus Brooklyn, Senator Stanford[8] und anderen zu folgen, die wissen, daß man der Gemeinschaft am besten nützt, wenn man eine Leiter aufstellt, auf der der nach oben Strebende hochklettern kann – kostenlose Bibliotheken, Parks und Freizeitmöglichkeiten, bei denen die Menschen körperlich und geistig Kraft tanken können, Kunstwerke, die Freude bereiten und den Publikumsgeschmack verfeinern, und öffentliche Einrichtungen aller Art, die die allgemeine Situation des Volkes verbessern. Der enorme Reichtum der Reichen fließt also in Form solcher Einrichtungen, die den Menschen auf die Dauer am meisten nutzen werden, wieder der Gemeinschaft zu.

Somit wird die Kluft zwischen arm und reich überbrückt. Die Gesetze der Anhäufung von Kapital sind

[8] Leland Stanford (1824–93), Gouverneur von Kalifornien und Senator, sammelte unter anderem im Eisenbahnbau ein beträchtliches Vermögen an (die Schienen seiner *Central Pacific Railroad* trafen sich, vom Westen her kommend, mit denen der *Union Pacific* und vollendeten so die Bahnverbindung vom Atlantik zum Pazifik). Unter dem Eindruck des frühen Todes seines einzigen Sohnes Leland junior beschlossen er und seine Frau Jane, ihr Geld für die Kinder anderer Leute zu verwenden. Sie gründeten nicht nur die bekannte Universität (der sie den Namen ihres Sohnes gaben), sondern auch eine Abendschule für Farmangestellte, (experimentelle) Kindergärten, ein Waisenheim und ein Heim für arbeitende Mütter und ihre Kinder. Die *Stanford University* war für ihre Zeit fortschrittlich: Sie war keiner religiösen Richtung verpflichtet und konnte auch von Frauen besucht werden.

nicht mehr starr, genausowenig wie die Gesetze der Verteilung. Der Individualismus wird sich durchsetzen, aber der Millionär wird als Treuhänder für die Armen fungieren. Eine Zeitlang wird er mit der Verwaltung des wachsenden Vermögens der Gemeinschaft betraut sein, und er wird diese Aufgabe weit besser lösen, als diese es könnte.

»Der Mann, der in Reichtum stirbt, stirbt in Schande«

Die klügsten Männer werden somit eine Phase in der Entwicklung der Menschheit erreichen, in der deutlich wird, daß es für bedachte und ernsthafte Männer mit Vermögen keine Möglichkeit gibt, ihren großen Reichtum sinnvoll zu nutzen, es sei denn, sie stellen ihn bereits zu Lebzeiten für das Gemeinwohl zur Verfügung. Und die Zeit dafür ist nicht mehr fern. Männer können sterben, ohne daß ihnen das Mitleid ihrer Mitmenschen zuteil wird. Dabei sind sie immer noch Teilhaber großer Unternehmen, aus denen ihr Kapital, das nach ihrem Tod hauptsächlich für öffentliche Einrichtungen verwendet werden soll, nicht abgezogen werden kann oder wurde. Doch der Tag ist nah, da der Mann, der nach seinem Tode ein Millionenvermögen hinterläßt, über das er schon zu Lebzeiten hätte frei verfügen können, »unbeweint, ungeehrt und unbesungen« sterben wird. Dabei spielt es keine Rolle, für welchen Zweck er das Geld, das er nicht mit ins Grab nehmen kann, bestimmt hat. Die öffentliche Meinung wird über solche Männer folgendes Urteil fällen: »Der Mann, der so reich stirbt, stirbt in Schande.«

Genau das ist meiner Meinung nach die eigentliche Lehre vom Reichtum. Folgt man ihr, wird man eines Tages das Problem von arm und reich lösen und erreichen, daß »auf Erden Frieden zwischen den Menschen herrschen wird, die guten Willens sind«.

DER WEG ZUM GESCHÄFTLICHEN ERFOLG

Ansprache an junge Kaufleute

Es ist für junge Leute am vorteilhaftesten, von Grund auf zu beginnen und beim Eintritt in ihre Laufbahn die denkbar untergeordnetste Stellung einzunehmen. Viele der Geschäftsleute, die heute eine leitende Stellung einnehmen, mußten an der Schwelle ihrer Laufbahn als erste ernste Pflicht eigenhändig mit dem Besen das Geschäftslokal auskehren. Heutzutage haben wir Hausdiener und Scheuerfrauen in unseren Geschäftsräumen, und unsere jungen Leute lernen leider diesen heilsamen Zweig geschäftlicher Erziehung nicht mehr kennen. Aber wenn der angestellte Putzmann ausbleibt, wird der Lehrling, welcher das Zeug zum zukünftigen Geschäftsteilhaber in sich hat, sicher selbst den Besen zur Hand nehmen. Einst hörte ich eine standesbewußte Mutter einen jungen Mann fragen, ob er jemals eine andere junge Dame mit solcher Würde ins Zimmer hinein fegen gesehen habe wie ihre Tochter. Der junge Mann antwortete zur stolzen Genugtuung der Mutter der jungen Dame: »Nein, niemals«, fügte jedoch nach einer kleinen Pause hinzu: »Aber ich möchte noch lieber sehen, wie sie das Zimmer ausfegt.« Es schadet dem Neuling durchaus nichts, wenn er nötigenfalls das Geschäftslokal ausfegt. Ich selbst habe das oft genug getan, und wer, glauben

Sie, waren meine Kameraden dabei? David McCarge, jetzt Oberaufseher der Alleghany-Taleisenbahn, Robert Pittcairn, Oberaufseher der Pensylvania-Eisenbahn, und Herr Morland, jetzt Anwalt der Stadt Pittsburgh. Wir alle wechselten beim Ausfegen einander ab.

Haben Sie erst eine Stellung erlangt, dann, rate ich Ihnen allen, streben Sie nach dem Höchsten. Ich würde keinen Heller für einen jungen Kaufmann geben, der sich nicht gleich von Anfang an als Teilnehmer einer großen Firma sieht. Begnügen Sie sich in Ihren Träumen auch nicht für einen Augenblick mit der Stellung eines ersten Gehilfen, Vormanns oder Abteilungsvorstehers, möge das Geschäft auch noch so groß sein. Sagen Sie stets zu sich selbst: Meine Stellung ist an der obersten Spitze! Seien Sie König in Ihren Träumen. Geloben Sie sich selbst, diese Stellung mit makellosem Rufe zu erreichen, und kümmern Sie sich weiter um nichts, was Ihre Aufmerksamkeit von der Erlangung dieses Zieles ablenken könnte – abgesehen davon, daß Sie, sobald Sie Teilhaber der Firma geworden oder zumindest zwei oder drei Stufen höher geklommen sind, eine andere Teilhaberschaft eingehen – mit der Liebenswürdigsten ihres Geschlechtes, eine Teilhaberschaft, auf welche die neuen Staatsgesetze über Teilhaberschaft keine Anwendung finden und deren Verbindlichkeit unbegrenzt ist.

Lassen Sie mich zwei oder drei Hauptpunkte, die zum Geschäftserfolg unerläßlich sind, erwähnen. Seien Sie unbesorgt, ich will Ihnen keine Moralpredigt halten; ich spreche lediglich als Geschäfts- und Weltmann, der Ihnen zum geschäftlichen Erfolg zu verhelfen wünscht.

Sie alle wissen, wie jeder echte und preiswürdige Erfolg von Ehrenhaftigkeit, Treue und Billigkeit abhängt; ich nehme daher an, daß Sie alle entschlossen sind, sich diese Eigenschaften zu erhalten und ein reines, achtungswertes Leben zu führen, fern von verderblicher Verbindung weder mit dem einen noch mit dem anderen Geschlecht. Ohne dies gibt es keine hoffnungsreiche Zukunft, ja alle Ihre Kenntnisse würden im entgegengesetzten Falle nur zu Ihrem Scheitern und Ihrer Schande beitragen. So werden Sie es mir denn, hoffe ich, nicht übelnehmen, wenn ich Sie vor drei hauptsächlichen Gefahren warne.

Die erste Gefahr ist verführerischer als alle anderen und meist der Ruin der jungen Leute; ich meine die *alkoholischen Getränke.* Ich bin kein Mäßigkeitsapostel, sondern nur ein Mann, welcher Ihnen seine Erfahrungen mitteilt, und muß dennoch sagen, daß die Gefahr, durch Trunk Ihre Zukunft zu untergraben, größer ist als alle anderen Versuchungen zusammengenommen. Allen anderen Versuchungen können Sie zeitweise erliegen und doch wieder hochkommen; Sie werden zwar das verlorene Terrain nicht leicht wieder zurückerobern, aber doch wenigstens mit dem Strome schwimmen und sich eine angesehene Stellung sichern und erhalten. Von der einmal angewöhnten Trunksucht jedoch gibt es keine Heilung, und es finden sich nur ganz wenige Ausnahmen von dieser Regel. Also vor allem: Trinken Sie keinerlei Spirituosen über den Durst. Am besten ist es, überhaupt keinen Alkohol anzurühren. Wenn Ihnen dieses Gesetz als zu hart erscheint, dann nehmen Sie sich mindestens vor, nur zu den Mahlzeiten zu trinken. Ein Glas zu Tisch wird weder Ihr Vorwärtskommen hindern noch Ihrer Lebenshaltung schaden. Ich warne Sie aber dringend: Halten Sie es für unter Ihrer Würde und Selbstachtung als Gentleman, Spirituosen am Schanktisch eines öffentlichen Ausschankes zu trinken. Es verletzt Ihre Pflicht und widerspricht Ihren Zukunftsplänen. Sie können Ihre Laufbahn nicht für gesichert halten, wenn Sie von diesem Grundsatz abweichen. Bleiben Sie ihm treu, und Sie sind der Gefahr Ihres größten Todfeindes entronnen.

Die zweite nächstliegende Gefahr für einen jungen Kaufmann besteht meines Erachtens im *Spekulieren.* Zur Zeit, da ich Telegrafist in Pittsburgh war, hatten wir noch keine Börse in dieser Stadt, dennoch waren die Männer, welche an auswärtigen Börsen spekulierten, uns Telegrafisten wohl bekannt. Wir konnten sie an den fünf Fingern unserer Hand abzählen. Diese Männer standen als Bürger keineswegs im besten Ansehen. Man betrachtete sie mit Mißtrauen. Sie endeten alle im Ruin, als Bankrotteure in Geld und Charakter. Ich wüßte kaum einen einzigen Mann, welcher durch Spekulieren ein Vermögen erworben und behalten hätte. Spieler sterben gewöhnlich arm. Ich wüßte keinen, auch nicht einen einzigen Spieler zu nennen, der in Selbstachtung gelebt oder etwas für die Gesamtheit geleistet hätte. Wer begierig nach den Morgenzeitungen greift, um nachzusehen, wie es mit seinen Spekulationen steht, macht sich selbst zur ruhigen Überlegung und sachlichen Lösung der im Laufe des Tages an ihn herantretenden geschäftlichen

Probleme unfähig. Er untergräbt damit die Quelle jener ausdauernden und konzentrierten Willenskraft, von der jeder dauernde Erfolg und oft genug die dauernde Sicherheit seines hauptsächlichen Geschäftes abhängt. Der Spekulant und der Geschäftsmann bewegen sich auf zwei ganz verschiedenen Pfaden; jener hängt von einer ganz plötzlichen Drehung des Glücksrades ab und ist heute Millionär, morgen Bankrotteur. Dagegen weiß der echte Geschäftsmann, daß er nur durch geduldige und ununterbrochene Geschäftstätigkeit seinen Lohn ernten kann. Dieser Lohn ist nicht das Ergebnis eines Spieles, sondern jahrelanger konsequenter Geschäftstätigkeit. Niemals verläßt den Geschäftsmann der Gedanke, daß er unmöglich sich selbst nützen kann, ohne zugleich auch anderen zu nützen; der Spekulant hingegen hätte, was das Wohlergehen der andern betrifft, am besten gar nicht existiert. Hunderte von jungen Leuten haben während der letzten Jahre in Öl spekuliert; viele wurden dadurch völlig ruiniert; alle ohne Ausnahme aber litten Schaden, egal, ob sie gewannen oder verloren. Wahrscheinlich, ja sicher wird diese Versuchung an Sie herantreten; dann werden Sie, so hoffe ich, sich an meine Lehre erinnern. Sagen Sie dem Versucher, der Ihnen zumutet, Ihre kleinen Ersparnisse auf solche Weise zu riskieren, Sie würden, wenn Sie spekulieren wollten, zu einer richtigen, gut gehaltenen Spielbank gehen. Am Roulettetisch haben Sie wenigstens die ehrliche Chance von Schwarz und Rot. Noch etwas anderes, aber Wesentliches wird durch die Spekulation gefährdet: Nichts ist wichtiger für einen jungen Geschäftsmann als ein unbeschädigter Kredit, der sich gründet auf seine Klugheit, seine Grundsätze und seine Charakterfestigkeit. Glauben Sie mir, nichts tötet den Kredit schneller als die Gewißheit, daß Firmen oder Männer in Spekulationen verwickelt sind, ganz gleichgültig, ob diese Spekulationen Gewinn oder Verlust nach sich ziehen. Von dem Augenblicke an, da man von einem Geschäftsmann weiß, daß er spekuliert, ist sein Kredit erschüttert und sehr bald ganz und gar verloren. Wie kann man einem Manne vertrauen, dessen Mittel in einer einzigen Stunde durch eine Panik unter Spielern dahinschwinden können! Wer vermag zu sagen, welche Beziehungen er zu den übrigen Spielern hat! Ist doch nur eines gewiß: Er steht in der Gefahr, alles zu verlieren. Daher dürfen die, welche ihm vertrauten, nur sich selbst Vorwürfe machen. Seien Sie entschlossen, Geschäftsleute, niemals aber Spekulanten zu werden!

Die dritte und letzte Gefahr, vor welcher ich Sie warnen möchte, sind *Bürgschaften.* Bürgschaften haben gar manche vielversprechende Kraft nach glücklich begonnener Laufbahn Schiffbruch leiden lassen. Die Gefahr, Bürgschaften einzugehen, ist um so größer, als sie gewöhnlich in Freundesgestalt erscheint. Sie wendet sich an Ihre edelmütigen Instinkte, und Sie selbst sagen sich dann: »Wie darf ich meine Unterschrift verweigern, wenn ich damit einem Freund helfen kann?« Gerade weil so viel Empfehlenswertes in dieser Ansicht liegt, ist ihre Verwirklichung so gefährlich. Lassen Sie mich Ihnen sichere und ehrenhafte Verhaltensmaßregeln für diesen Fall geben. Ich würde Ihnen an erster Stelle raten: Bürgen Sie überhaupt niemals. Das ist allerdings zu viel gefordert, gleich dem Gebote, niemals Wein anzurühren, niemals zu rauchen, oder gleich einem der vielen anderen »Niemals«. Alle diese Gebote haben ihre Ausnahmen. Als Geschäftsleute werden Sie zweifellos hin und wieder für Freunde Bürgschaften leisten; dennoch gibt es eine Linie, bei der die Rücksicht auf den Erfolg eines Freundes aufhört und die Rücksicht auf die eigene Ehre beginnt. Wenn Sie selbst anderen schulden, dann ist Ihr ganzes Kapital und übriges Vermögen etwas, das andere Ihnen anvertraut haben; es muß für die Sicherheit derer, die es Ihnen geliehen haben, unbelastet bleiben. Sie können, ohne Ihre Ehre aufzugeben, nichts tun, wodurch diese Ansprüche an Sie gefährdet würden. Wenn ein Mann, der anderen Geld schuldet, für andere Bürgschaft leistet, riskiert er nicht nur seinen eigenen Kredit und sein eigenes Kapital, sondern das seiner Gläubiger. Er verletzt ein Pfand. Merken Sie sich daher: Bürgen Sie niemals, solange Sie nicht die Mittel besitzen, deren Sie für die Begleichung eigener Verbindlichkeiten nicht bedürfen, und bürgen Sie niemals über diese Mittel hinaus.

Betrachten Sie überhaupt Bürgschaften als Geschenke. Fragen Sie sich immer, ob Sie Ihrem Freunde ein Geschenk zu machen wünschen und ob das Geld wirklich Ihr eigenes ist und nicht ein Pfand Ihrer Gläubiger. Sie gehen nie sicher, wenn Sie als ehrenhafte Geschäftsleute nicht an diesem Grundsatz festhalten. Ich beschwöre Sie: Vermeiden Sie Spirituosen, Spekulationen und Bürgschaften. Trunk und Spekulation sind für einen jungen Mann die Skylla und Charybdis[1], Bürgschaften die sichtbaren Klippen im geschäftlichen Meere.

Nachdem Sie sich vor diesen bedenklichsten drei Gefahren geschützt haben, entsteht die Frage, wie Sie sich aus Ihrer untergeordneten Stellung nach und nach zu der Stellung emporarbeiten, für die Sie meiner und, wie ich hoffe, auch Ihrer Überzeugung nach geschaffen sind.

Ich kann Ihnen das Geheimnis in wenigen Worten verraten: Anstatt zu fragen: »Was *muß* ich für meinen Prinzipal tun«, fragen Sie sich: »Was kann ich für ihn tun?« Treue und gewissenhafte Erfüllung Ihrer Pflichten ist ja gewiß recht gut; allerdings kommen Sie dabei gewöhnlich zu dem Schluß, daß Sie Ihre Pflichten auch weiterhin auf diese Weise erfüllen sollen. Doch, meine jungen Freunde, das reicht nicht aus, zumindest nicht für den zukünftigen Geschäftsinhaber. Sie müssen mehr als das leisten. Aus der eben bezeichneten Klasse kommen Gehilfen, Buchhalter, Kassierer und Zähler für die Bank, doch sie bleiben in dieser Stellung bis an ihr Lebensende. Der kommende Mann muß etwas Besonderes leisten, etwas, das über den Kreis seines Sonderdepartements hinausgeht. Er muß Aufmerksamkeit erregen. Ein Gehilfe im Magazin mag einen Fehler in einer Faktura entdecken, welcher der Aufmerksamkeit des Verant-

[1] Skylla: sagenhaftes Meerungeheuer, das die Vorübergehenden verschlingt. Charybdis: gefährlicher Meeresstrudel gegenüber der Skylla. Im übertragenen Sinn bezeichnen sie die Gefahren, zwischen denen jemand hindurch muß.

wortlichen entgangen ist. Wenn er an der Waage angestellt ist, mag er durch Zweifel an der Richtigkeit der Waage und durch deren Verbesserung – obwohl dergleichen Pflicht des Mechanikers ist – seiner Firma Einsparungen machen. Ja sogar ein Botenjunge kann sein Vorwärtskommen dadurch beschleunigen, daß er über seinen buchstäblichen Auftrag hinaus die gewünschte Antwort sichert. Jeder Dienst, sei er noch so niedrig oder noch so hoch, ist für einen geschickten und willigen jungen Mann geeignet, beinahe täglich zu zeigen, daß er größeren Vertrauens würdig und größerer Leistungen fähig ist und daß er, was ebenso wichtig ist, den unbezwinglichen Willen hat, höherzusteigen. Den einen oder anderen Tag werden Sie sich verpflichtet fühlen, in Ihrem besonderen Kreise etwas zu sagen oder zu tun, was – dessen sind Sie sich dabei sehr wohl bewußt – dem Interesse der Firma scheinbar nachteilig ist. Dann ist Ihr Augenblick gekommen: Sei fest wie ein Mann, und sage es, sage es dreist; gib deine Gründe an, und beweise deinem Prinzipal, daß du selbst stundenlang über die Förderung seiner Interessen nachgedacht hast, während seine eigenen Gedanken nach einer anderen Richtung beschäftigt waren und er vielleicht glaubte, du würdest schlafen.

Du magst recht oder unrecht haben, in jedem Falle hast du die erste Bedingung für einen größeren Erfolg erfüllt: Du hast Aufmerksamkeit erregt. Dadurch mußte sich dein Prinzipal in jedem Falle davon überzeugen, daß er in dir Besseres als einen bezahlten Angestellten, daß er in dir einen Mann besitzt, nicht bloß jemanden, der für soundso viel Lohn soundso viel Stunden Arbeit leistet, sondern jemanden, der seine freien Stunden und seine Gedanken beständig dem Geschäft widmet. Solch ein Angestellter bleibt dem Prinzipal in Erinnerung, und zwar in guter und freundlicher Erinnerung. Es wird nicht lange dauern, so fragt man den jungen Mann um seine Ansicht über eine Angelegenheit, die seinen Arbeitsbereich betrifft, und ist diese Ansicht eine gesunde, dann wird man ihn gar bald bei Dingen von umfassender Bedeutung zu Rate ziehen.

Dergleichen bedeutet bereits Teilhaberschaft, wenn nicht mit seinem gegenwärtigen Geschäftsherrn, doch sicher mit anderen. In solchen Fällen haben Sie bereits den Fuß im Steigbügel. Wie hoch Sie dann weiter steigen, hängt ganz von Ihnen ab.

Oftmals hören Sie den falschen Grundsatz, vor dem Sie sich hüten sollen: Erfülle den dir gegebenen Auftrag, und sei es auf Kosten deines Geschäftsherrn. Folgen Sie dieser Regel niemals, im Gegenteil erfüllen Sie den Auftrag nicht, wenn die Nichterfüllung im Interesse des Vorgesetzten ist. Jeder große Charakter hat hergebrachte Regeln über den Haufen geworfen und neue Regeln für sich aufgestellt. Die bloße Routine ist nur für Leute ohne Ehrgeiz, und Sie selbst haben ja wohl nicht vergessen, daß Sie entschlossen sind, selbst Geschäftsherr zu werden; das will eben sagen, daß Sie bereit sind, Regeln zu brechen und neue Regeln aufzustellen. Zögern Sie niemals, das zu tun, wovon Sie glauben, es sei im Interesse Ihres Geschäfts; übernehmen Sie, wenn Sie über den Ausgang völlig sicher sind, die Verantwortung für

Ihr Handeln. Niemals werden Sie Teilhaber werden, wenn Sie nicht das Geschäft der Ihnen zugewiesenen Abteilung besser verstehen, als Ihr Prinzipal es möglicherweise verstehen kann. Werden Sie für Ihr selbständiges Handeln zur Rechenschaft gezogen, so zeigen Sie dem Prinzipal den Erfolg Ihrer Ansicht, und sagen Sie ihm, daß Sie diesen Erfolg vorausgesehen haben. Beweisen Sie ihm, wie falsch der Ihnen gegebene Auftrag war, meistern Sie Ihren Meister, sobald Sie es können; versuchen Sie es so früh wie möglich. Nichts wird ihm lieber sein, wenn er der rechte Meister ist. Ist er es nicht, dann ist er auch nicht der rechte Mann für Sie. In diesem Falle verlassen Sie ihn sobald wie möglich, selbst wenn Sie ein augenblickliches Opfer bringen müssen. Suchen Sie sich einen anderen, der Begabung zu schätzen weiß. Unsere jüngeren Teilhaber in der Firma Carnegie haben sich ihre Sporen dadurch verdient, daß sie uns zeigten, daß wir nicht halb so gut wußten wie sie, was not tat. Einige unter ihnen sind gelegentlich so mit mir umgesprungen, als wäre nicht ich, sondern als wären sie Eigentümer der Firma und ich selbst nur so ein luftiger New Yorker[2], der sich anmaßte, über Dinge zu bestimmen, von denen er nur sehr wenig versteht. Nun, sie haben jetzt nur selten Einspruch zu fürchten, denn sie waren die rechten Männer, gerade die Männer, die wir begehrten.

Ein sicheres Merkmal eines kommenden Teilhabers, eines zukünftigen Millionärs besteht darin, daß seine

[2] Ein New Yorker wohl deswegen, weil Carnegie 1867 von Pittsburgh nach New York umgezogen war, wo er mit seiner Mutter im St. Nicholas Hotel wohnte.

Einnahmen stets seine Ausgaben übersteigen. Er beginnt mit Sparen fast an dem Tag, da er zu verdienen anfängt. Ganz gleichgültig, wie wenig Sie sparen, sparen Sie in jedem Falle dies wenige. Legen Sie es sicher an, durchaus nicht immer in Staatspapieren, wohl aber in irgend etwas, was nach Ihrer Ansicht gewinnbringend ist. Spielen Sie aber niemals mit Ihren Ersparnissen. Bald wird sich eine interessante Gelegenheit zur Anlage bieten. Selbst geringe Ersparnisse werden die Grundlagen für einen Kredit bilden, dessen Höhe Sie überraschen dürfte. Kapitalisten haben Zutrauen zu einem sparsamen jungen Mann. Für jedes Hundert sauer ersparten Geldes wird Midas[3], immer auf der Suche nach tüchtigen Compagnons, Ihnen Tausende leihen. Für jedes Tausend fünfzigtausend. Nicht Kapital, sondern der Mann, welcher den Beweis erbracht hat, daß er kapitalerzeugende Fähigkeiten besitzt, wird von älteren Kapitalisten gesucht; der Mann, der die Selbstdisziplin aufbringt, Kapital auf dem besten aller möglichen Wege, dem des Sparens, zu erwerben. Das zuerst ersparte Hundert zeigt den rechten Mann; beginnen Sie deshalb sofort damit, etwas beiseite zu legen. Bienengleiches Einheimsen verrät den zukünftigen Millionär.

Selbstverständlich gibt es höhere Ziele als das Geldsparen. Als Endzweck betrachtet, ist das Ansammeln von Reichtümern ganz und gar unedel. Ich setze aber voraus, daß Sie sparen und nach Reichtümern trachten, um sich

[3] Kleinasiatischer König um 738–730 v.Chr. Auf ihn geht die Sage zurück, der Gott Dionysius habe alles, was Midas berührte, in Gold verwandelt. Hier steht Midas für einen reichen Kapitalgeber.

besser in den Stand zu setzen, während Ihres Lebens für Ihre Mitmenschen Gutes zu tun.

Vor allem machen Sie es sich zur Regel, Ausgaben stets innerhalb der Einnahmen zu halten. Sie mögen manchmal ungeduldig werden oder sich entmutigt fühlen, wenn Sie Jahr für Jahr in untergeordneter Stellung stehen. Ohne Zweifel: Für einen jungen Mann ohne Kapital wird es täglich schwieriger, vorwärtszukommen, da das Geschäft sich mehr und mehr dem Großbetriebe zuwendet; zumal hier in Pittsburgh, wo großes Kapital eine Hauptrolle spielt, ist es außergewöhnlich schwierig. Dennoch kann ich zu Ihrer Ermutigung sagen, daß in keinem anderen Lande energische, junge Männer schneller in die Höhe kommen als in Amerika. Beispielsweise ist es hier in Pittsburgh unmöglich, eine genügende Anzahl erstklassiger Buchhalter zu finden, und die Nachfrage nach solchen überstieg bisher immer das Angebot.

Junge Leute suchen allerhand Gründe, die in ihrem besonderen Falle jeden Erfolg unmöglich gemacht haben sollen. Einzelne hatten, wenn man ihnen glauben dürfte, niemals Glück. Das ist einfach Unsinn. Es gibt keinen jungen Mann, der niemals eine Chance und dazu eine außerordentlich gute Chance gehabt hätte, sobald er nur erst in Stellung war. Hier wird er von dem Tage an, da er seine Arbeit beginnt, auf die Probe gestellt. Der Tüchtige wird nach einiger Zeit in dem Beratungszimmer der Firma erprobt, seine Geschicklichkeit, Ehrenhaftigkeit, seine Gewohnheiten, sein Temperament und sein Charakter, all das fällt ins Gewicht und wird analysiert. Der junge Mann ohne Chance ist nämlich genau jener, der nach einer Prüfung durch seine Vorgesetzten wegen tadelhafter Handlungen, Gewohnheiten oder Verbindungen, von denen er glaubte, sie seien diesen unbekannt, nicht für würdig befunden wurde, in nähere Beziehungen zur Firma zu treten. Eine andere Klasse junger Leute schreibt ihren Mißerfolg dem Umstand zu, daß ihr Vorgesetzter Verwandte oder Günstlinge habe, welche er ungerechtfertigterweise bevorzugt. Nebenbei machen sie geltend, daß ihre Arbeitgeber höhere Intelligenzen als ihre eigene nicht leiden mögen und alles tun, um junge Talente zu entmutigen und junge Männer niederzuhalten. All das ist leeres Gerede. Gerade das Gegenteil ist der Fall. Niemand leidet so sehr am Mangel an rechten Männern am rechten Platze und niemand gibt sich so große Mühe, solche Männer zu finden, wie der Geschäftsherr. In ganz Pittsburgh findet man beispielsweise keine einzige Firma, die nicht fortwährend auf der Suche nach geschäftlicher Tüchtigkeit wäre. Jede Firma wird ihnen erklären, daß kein Artikel so gesucht ist wie dieser. Gehirnkraft steht immer hoch im Kurse. Kultivieren Sie diese; hier ist der beste Markt dafür, Sie können nicht genug davon erzeugen. Mit der Masse Ihrer Gehirnkraft wächst auch ihr Preis. Gehirnkraft ist selbstverständlich ihrer Ernte nicht so sicher wie wilder Hafer, der stets eine wundervolle Ernte zeitigt, dagegen ist sie stets sicher, einen offenen Markt für sich zu finden. Zögern Sie nicht, in irgendein ordentliches Geschäft einzutreten. Bei uns in Amerika gibt es kein anständiges Geschäft, welches bei ununterbrochener ausschließlicher Aufmerksamkeit für die Fähigen und Fleißigen nicht einen guten Gewinn abwerfen würde. Jedes Geschäft hat seinen Höhepunkt und seine stille Zeit. Immer wieder kommen Jahre, in denen Kaufleute und Fabrikanten arg bedrängt sind. Jahre, in denen der Betrieb in Gange gehalten werden muß, nicht nur ohne Gewinn, sondern sogar mit Verlust, damit Organisation und Angestellte beisammenbleiben und der Betrieb seine Erzeugnisse auf dem Markte behalte. Andererseits muß jedes ehrliche Geschäft, welches gesuchte Artikel erzeugt oder damit handelt, einen guten Vorteil abwerfen, sobald es richtig gehandhabt wird.

Und hier liegt die erste *Bedingung zum Erfolg*, das große Geheimnis: Konzentrieren Sie alle Ihre Kraft, all Ihre Gedanken und all Ihre Kapitalien ausschließlich auf das Geschäft, dem Sie sich gewidmet haben. Sind Sie einmal auf einem bestimmten Felde tätig, so halten Sie an Ihrem Entschluß fest, den Kampf auf diesem Felde aufzunehmen, bis Sie darin zu den Ersten gehören. Greifen Sie jede Verbesserung auf, führen Sie die besten Maschinen ein, und verschaffen Sie sich darin soviel Kenntnisse wie möglich. Die Betriebe, welche ihre Kapitalkraft und damit auch ihre leitende Geisteskraft zersplittern, bleiben gewöhnlich erfolglos. Man macht Anlagen in diesem und jenem, hier und dort, kurz überall. Der Grundsatz: Setze nicht alles auf eine Karte, ist ganz und gar falsch. Ich sage Ihnen: Tun Sie alles in ein und denselben Korb, und passen Sie gut auf ihn auf. Blicken Sie um sich: Männer, die so handeln, sind selten erfolglos. Es ist leicht, über einen Korb zu wachen und diesen einen zu tragen, aber es ist schwer, gleichzeitig über mehrere Töpfe zu wachen und sie zu tragen. Wer drei Körbe zu gleicher Zeit tragen will, muß notwendigerweise einen Korb auf seinem Kopfe balancieren. Die Gefahr, daß der Korb fällt, ist daher sehr groß. Ein Hauptfehler amerikanischer Geschäftsleute ist ihr Mangel an Konzentration.

Also, um das Gesagte noch einmal kurz zusammenzufassen: Strebe nach dem Höchsten; betrete niemals einen öffentlichen Ausschank; trinke keine Spirituosen oder höchstens zu den Mahlzeiten; spekuliere niemals, und übernimm Bürgschaften niemals höher als deine freie Kasse; mache die Interessen deiner Firma zu deinen eigenen; halte dich nicht an die hergebrachte Routine, sobald es im Interesse deines Prinzipals liegt; konzentriere dich, und wache über den Korb; Ausgaben stets geringer als Einnahmen, und endlich: Verliere die Geduld nicht, denn wie Emerson sagt: »Niemand kann dich um deinen endgültigen Erfolg bringen außer du selbst.« Ich beglückwünsche diejenigen Leute, die arm geboren sind, weil Armut sie zwingt, hart zu arbeiten. Ein Korb voller Staatsanleihen ist der schwerste Korb für einen jungen Mann. Gewöhnlich wird er unter dieser Last wanken. Wir finden zwar in Pittsburgh Beispiele reicher junger Leute, die sich zu den ersten Stellen emporgearbeitet haben und zu den nützlichsten unserer Mitbürger zählen. Sie verdienen dafür jedes Lob; doch die überwiegende Zahl reicher Leute hat nicht die Kraft, den Versuchungen des Reichtums zu widerstehen; sie sinken daher zu einem unwürdigen Leben herab. Ich würde lieber einem jungen Mann meinen Fluch hinterlassen, als ihn mit dem allmächtigen Mammon zu beladen. Nicht aus dieser Klasse werden Ihnen Ihre Nebenbuhler erwachsen; der Sohn des Geschäftsinhabers dürfte Ihnen selten viel zu raten aufgeben. Haben Sie dagegen wohl acht, daß nicht ein paar arme, ganz arme Jungen, viel ärmer als Sie selbst, denen ihre Eltern keine Erziehung geben konnten, Sie durch ihre Leistungen herausfordern und vor dem Ziel überholen. Geben Sie acht auf den Jungen, welcher direkt von der Elementarschule ins Geschäft tritt und damit beginnt, das Büro auszufegen: Er ist höchstwahrscheinlich der Läufer, mit dem Sie am härtesten um den Vorrang zu kämpfen haben.

WIE KANN MAN EIN VERMÖGEN ERWERBEN?

Alle wirtschaftliche Arbeit teilt sich in zwei große Lager: Ackerbau und Industrie. In beiden sind verschiedene Kräfte tätig. In dem einen Lager läuft alles auf die weitere Verteilung von Land unter viele hinaus; in dem anderen Lager zielt alles auf Konzentration des Geschäftes in den Händen weniger. Einer der großen Irrtümer, auf welchen Georges[1] bekanntes Buch »Fortschritt und Armut« aufgebaut ist, besteht in der Voraussetzung, daß Grund und Boden immer mehr in die Hände von wenigen komme. Die einzige Quelle, aus der Henry George seine Kenntnis über diesen Punkt schöpfen kann, ist die Volkszählung; diese aber sagt aus, daß im Jahre 1850 die durchschnittliche Größe der Landgüter in den Vereinigten Staaten 203 Morgen, im Jahre 1860 199 Morgen, im Jahre 1870 153 Morgen und im Jahre 1880 134 Morgen betrug. Die Ursache für diese äußerst schnelle Landaufteilung erklärt sich leicht. Der Landwirt, welcher ein klei-

[1] Henry George (1839–1897), amerikanischer Ökonom, Zeitungsverleger und Landreformer. In *Progress and Poverty* (1879) entwickelt er den Gedanken, mit der zunehmenden Knappheit des Bodens als Folge des ökonomischen Fortschrittes erhalte der untätige Landbesitzer immer größere Gewinne auf Kosten der Produktivkräfte Arbeit und Kapitel. George schlug vor, daß der Staat Pachterträge hoch besteuere und dafür alle andern Steuern abschaffe.

nes Gut mit eigner Hand kultiviert, vermag leicht den ehrgeizigen Kapitalisten aus dem Felde zu schlagen, der versucht, weite Landflächen mit der Arbeit anderer zu kultivieren. Es ist bemerkenswert, daß in Großbritannien der kleine Landwirt die Zeiten landwirtschaftlicher Not bei weitem besser überstanden hat als der Großgrundbesitzer. Wir haben hier für Amerika sowie für England den besten Beweis, daß unter gleichen gesetzlichen Voraussetzungen Landbesitz sich immer mehr unter die Massen der Bevölkerung verteilt. In der ganzen Masse sozialer Erscheinungen gibt es keine wichtigere Tatsache als die eben erwähnte und nichts, was dem denkenden Forscher größere Befriedigung verursacht. Der Triumph des kleinen Landbesitzers über den Großgrundbesitzer sichert Wachstum und Bestand desjenigen gesellschaftlichen Elements, auf welches die Zivilisation am sichersten zählen kann; denn es gibt keine andere Volkskraft, die das Gute so bewahrt, so ehrlich denkt und so tugendhaft ist wie der Stand, welcher seinen Acker mit eigener Hand bebaut. Zum Glück für die Menschheit lehrt die Erfahrung, daß kein Mann mit Nutzen für sich selbst mehr Boden bebauen kann, als er selbst mit Hilfe seiner Familie zu bestellen vermag.

Wenden wir uns nun dem anderen Lager, dem der industriellen Arbeit, zu. Es wird, wie wir eingestehen müssen, gerade von dem entgegengesetzten Gesetze beherrscht, welches Gewerbe und Geschäft im allgemeinen zur Konzentration in wenige sehr große Betriebe zwingt. Beispielsweise werden täglich 1700 Uhren von einer einzigen Gesellschaft angefertigt. Daher sind Uhren zu einem sehr mäßigen Preise zu kaufen. Wir haben Werke, die jeden Tag tausend Meter Kattun erzeugen, und dieser begehrte Artikel kann für wenige Cents pro Elle erstanden werden. Stahlfabrikanten erzeugen täglich 2500 Tonnen Stahl; infolgedessen werden vier Pfund feiner Stahl für 5 Cents verkauft. Und so geht es fort durch das ganze Gebiet der Industrie. Man zerteile die großen Fabriken in kleine Anlagen, und man wird feststellen, daß die Herstellung einzelner Artikel überhaupt nicht möglich ist! Der Erfolg hängt davon ab, daß Waren in großen Massen hergestellt werden; die Herstellungskosten ein und desselben Artikels würden in kleinen Fabrikanlagen den gegenwärtigen Preis zwei- oder dreimal übertreffen. Es gibt kein Gesetz, das diesem Gesetz der Konzentration in der industriellen Welt entgegenwirken würde. Ganz im Gegenteil, die an der Arbeit beteiligten Kräfte scheinen von jedem Großbetriebe eine wachsende Produktion zu fordern, um die Unkosten auf ein Minimum zu drücken. Dies ist der Grund für den schnellen und fortwährenden Kapitalzufluß zu den Fabriken und Handelsanlagen; fünf, fünfzehn, ja zwanzig Millionen werden häufig von ein und derselben Gesellschaft verwendet.

All das hat zu einer oft gehörten Klage Anlaß gegeben, deren Grundlosigkeit ich zu beweisen hoffe. Der praktische junge Geschäftsmann weist auf diese Verhältnisse hin und meint: Es ist nicht mehr möglich, ohne Kapital über die Stellung eines bezahlten Angestellten hinauszukommen! Ein Ungeheuer stellt sich jedem in den Weg, der nicht über eigene Mittel verfügt. Die enorm großen Unternehmen, welche dem Emporkommen junger Leute ein unübersteigliches Hindernis entgegenstellen, verkörpern dieses Ungeheuer.

Dagegen hat der junge Landwirt, wie wir gesehen haben, von dem Kapitalisten nichts zu fürchten. Mit geringem Kapital, das er leicht ersparen oder leihen kann, vermag er sein landwirtschaftliches Gewerbe zu beginnen, und die einzigen Konkurrenten, mit denen er zu rechnen hat, sind in der gleichen Lage wie er. Zweifellos ist es für einen Mechaniker oder praktischen Geschäftsmann heutzutage viel schwerer, ein neues Geschäft zu etablieren oder einen Teilhaber für ein schon bestehendes Geschäft zu erhalten, als für einen jungen Ackerbauer, mit nichts anzufangen. Trotzdem, die Schwierigkeiten sind weder unüberwindlich noch größer als früher. Allerdings eignen sie sich nicht dazu, den Ehrgeizigen anzustacheln; aber es muß in Rechnung gezogen werden, daß das Rennen in der Industrie- und Geschäftswelt zwar schwerer zu gewinnen, der Preis aber beträchtlich größer ist.

Bevor ich die Aussichten des Mechanikers in der industriellen und die des Gehilfen in der kaufmännischen und in der Finanzwelt näher betrachte, möge es mir erlaubt sein, zu zeigen, daß gerade die letzten beiden Klassen bei der Errichtung der bekanntesten großen Fabriken, Geschäftshäuser und großen Finanzinstitute in den Vereinigten Staaten beteiligt waren. Sprechen wir zunächst von den gelernten Mechanikern. Alle unsere großen Werke wurden gegründet und geleitet von Mechanikern; also von Männern, die eine Lehre durchlaufen haben. Ja die Anzahl der hier in Betracht kommenden Anlagen wäre noch weit größer, wenn wir diejenigen Betriebe mit einschließen wollten, deren Gründer ihre Laufbahn als Büroburschen oder Gehilfen begonnen haben. In diesem Falle müßten wir beinahe alle großen Betriebe einschließen; Edison zum Beispiel war Telegrafist.

In den kaufmännischen und finanziellen Zweigen der Geschäftswelt, die alle unter dem Konzentrationsgesetz stehen und deshalb dazu tendieren, Großbetriebe zu werden, nimmt der Gehilfe dieselbe Stellung ein wie der geschickte Mechaniker in der industriellen Welt. Alle großen Geschäftshäuser zeigen, soweit ich ihre Geschichte zu verfolgen vermag, denselben Ursprung. Wanamaker[2] in Philadelphia, Claflins in Boston, Field[3] in Chicago und Barr in St. Louis haben als arme Ladenjungen angefangen; andere wie Phelps & Dogs – gleichfalls in Boston – waren arme Gehilfen. In der Bank- und Finanzwelt stammen, wie allbekannt, die Stanfords[4], Rockefellers[5], Goulds[6], Sages, Fields[7], Dillons, Seligmans, Wilsons und Huntingtons alle aus der großen

[2] John Wanamaker (1838–1922), Mitbegründer des Bekleidungshauses *Wanamaker and Brown* in Philadelphia.

[3] Marshall Field (1835–1906), amerikanischer Kaufmann und Wohltäter, begann seine Karriere als 17jähriger Angestellter in einer Kurzwarenhandlung.

[4] Siehe oben Seite 48, Anmerkung 8.

[5] John Davison Rockefeller (1839–1937), Gründer der *Standard Oil.* Wie Carnegie und unter dessen Einfluß verbringt er die letzten Jahrzehnte seines Lebens mit der Verteilung seines Vermögens. Man schätzt, er habe an die 600 000 000 Dollar verteilt.

[6] Jay Gould (1836–1892), amerikanischer Finanzmann und Spekulant. Verließ die Schule mit 16 Jahren und bildete sich danach selber

Masse der Unvermögenden. Die Millionäre, welche heute alles beherrschen, begannen als arme Jungen und gingen durch die härteste aller Schulen – Armut.

Ich bat einen Bankier in der City, mir ein paar Namen von Präsidenten, Vizepräsidenten und Kassierern zu geben, die als Laufjungen oder Gehilfen begonnen hatten. Er sandte mir 35 solcher Namen und schrieb mir, er würde am folgenden Tag noch mehr senden. Unter ihnen fand sich keiner mit höherer Schulbildung. Ich habe nachgeforscht und nach allen Richtungen hin gesucht, konnte aber den höher Gebildeten nur sehr selten in leitender geschäftlicher Stellung ausfindig machen; oft jedoch bekleidete er Vertrauensstellungen bei Finanzinstituten.

Das alles ist nicht gerade überraschend. Die Preisgewinner in den höheren Schulen brauchen viel zu viel Zeit. Sie fangen ihre Studien in den besten Knaben- und Jünglingsjahren an, d. h. in der zum Lernen wertvollsten Zeit vom 14. bis zum 20. Jahre. Während der Student etwas über die entlegene Vergangenheit lernt, die noch dazu ganz wertlos ist, oder sich mit toten Sprachen abmüht – alles Dinge, deren Kenntnis für einen anderen Planeten als den unsrigen gedacht scheint, wenigstens soweit geschäftliche Dinge in Frage kommen –, ist der

weiter. Kontrollierte schließlich verschiedene Eisenbahngesellschaften und die *Western Union Telegraph Company*. Sein Sohn George Jay setzte die Tätigkeit des Vaters fort, seine Tochter Helen wurde für ihre Wohltätigkeit bekannt.

[7] Cyrus West Field (1819–1892), amerikanischer Kapitalist, einer der Promotoren des Atlantikkabels. Investierte in die New Yorker Hochbahn und in Eisenbahnen.

zukünftige Befehlshaber auf dem Felde der Industrie eifrigst mit dem Studium des praktischen Lebens beschäftigt, das ihm hilft, die für zukünftige Triumphe nötigen Kenntnisse zu sammeln. Ich spreche nicht über die Kenntnisse und die Ergebnisse höherer Schulbildung bei denjenigen jungen Leuten, welche für gelehrte Berufe vorbereitet werden sollen; für diese ist solch eine Erziehung bis zu einem gewissen Grade unentbehrlich; allein das gänzliche Fehlen der Studierten in jeder leitenden Stellung der Geschäftswelt scheint den Schluß zu rechtfertigen, daß höhere Bildung für jeden größeren Geschäftserfolg geradezu verhängnisvoll ist.

Es verdient in Erinnerung gebracht zu werden, daß mit festem Gehalt Angestellte doch nicht so eigentlich im Geschäft stehen. Eine führende Persönlichkeit im Gebiete der Industrie erwirbt alles selbst; sie ist von ihrem persönlichen Arbeitsertrag, vom Erfolge ihres Geschäftes abhängig. Gerade im praktischen Leben hat der Hochgebildete, der mit 20 Jahren ins Geschäft tritt, nur wenig Aussicht auf Erfolg im Vergleich mit dem Jungen, der mit 14 Jahren das Büro ausfegt oder als Verladungsgehilfe beginnt. Die Tatsachen beweisen das. Man hat zwar Beispiele dafür, daß mit höherer Bildung ausgestattete Söhne von Geschäftsleuten, welche sich dem Geschäftsleben widmeten, mit Erfolg ein schon bestehendes Geschäft leiten; dennoch ist die Zahl solcher verhältnismäßig gering verglichen mit denen, welchen es nicht gelingt, das überkommene Vermögen zu erhalten.

Immerhin sind während der letzten Jahre polytechnische und wissenschaftliche Schulen oder auch Studienkreise für junge Leute eröffnet worden, die bereits höchst wertvolle Früchte für die industriellen Betriebe gezeitigt haben. Der gelernte Mechaniker, der, wie wir bereits gesehen haben, bis jetzt die meisten Ehren in unseren Industriewerken einheimste, findet nun seinen Nebenbuhler in dem wissenschaftlich gebildeten Jüngling, der ihn in Zukunft hart, ja sehr hart bedrängen dürfte. Drei der größten Stahlwerke stehen bereits unter der Leitung von drei technisch vorgebildeten jungen Männern: Studenten, welche die Schultheorien mit der Praxis vertauschten, obgleich sie noch in den ersten Jünglingsjahren standen. Walker von der Illionois-Stahlkompagnie, Schwab[8] von den Edgar-Thomson-Werken, Potter von den Homestead-Stahlwerken in Pittsburgh sind Typen dieser neuen Schule, und keiner von ihnen ist auch nur 30 Jahre alt. So vorbereitete junge Leute haben einen bedeutenden Vorteil über den gelernten Mechaniker; sie besitzen seinen offenen Blick und sind ohne Vorurteil. Die wissenschaftliche Schulung des Geistes und der Trieb nach Wahrheit macht sie für neue Ideen empfänglich. Groß und unschätzbar, wie der arbeitende Mechaniker war, ist und bleiben wird, war er

[8] Charles M. Schwab, einer der wichtigsten Mitarbeiter Carnegies. Arbeitete als Knabe im Mietstall seines Vaters, war später Angestellter eines Lebensmittelgeschäfts. Kurz darauf begann er seine Karriere in untergeordneter Stellung in den Werken Carnegies, wo er es innerhalb von acht Jahren in die höchsten Ränge brachte. Für Carnegie war Schwab das Beispiel für den ehrgeizigen jungen Mann, der dank seines außergewöhnlichen Einsatzes außergewöhnlich erfolgreich sein wird. Von einer technischen Vorbildung Schwabs ist allerdings nichts bekannt.

doch stets zu engen Geschäftsanschauungen geneigt, denn im allgemeinen kommt er erst in vorgeschrittenen Jahren zur Macht. Ganz anders ist es mit dem wissenschaftlich gebildeten Jüngling; er hat keinerlei Vorurteile und probiert jede neue Erfindung und jede neue Methode aus, ganz gleichgültig, wer ihr Erfinder sein mag. Er eignet sich all das an, was das bisher Geleistete übertrifft, und ist auch bereit, seine eigenen Einfälle und Ideen zu verwerfen, wozu sich ein Vorarbeiter nur schwer entschließt. Deshalb darf auch der Vorteil der Bildung nicht unterschätzt werden; nur muß es eine zweckentsprechende Bildung sein mit Kenntnissen, die der Laufbahn des Interessenten dienen, wenn er seinen Weg zum Glück finden soll.

Alles in allem haben wir nicht zu untersuchen, welchen Platz der gelernte Mechaniker und der Praktiker in den verschiedenen Zweigen der Geschäftswelt einnehmen, sondern was diese beiden Klassen in der gesamten Geschäftswelt für andere übriggelassen haben.

Auf industriellem Gebiete wird der gelernte Mechaniker der Gründer und Leiter berühmter Betriebe. Auf dem Gebiet des Handels und der Finanzen sehen wir den armen Bürojungen, der schon jetzt sicher ist, daß er einst seine Herrschaft antreten wird. Sie vergegenwärtigen zwei verschiedene Klassen. Der arme Gehilfe und der geübte Mechaniker sind es, die schließlich in jeder Art von Geschäft die Herrschaft erlangen, ohne Kapital, ohne Familieneinfluß und ohne höhere Bildung. Sie sind es auch, welche in die obersten Stellen aufsteigen und später dort herrschen; sie geben ihre bezahlte Stellung auf, um alles für die Gründung neuer Geschäfte aufs Spiel zu setzen. Akademisch Gebildete begnügen sich meistens mit ihren Gehältern und bleiben in ihren Vertrauensstellungen. Weder Kapital noch Einfluß, noch höhere Schulbildung, noch all das zusammengenommen haben bisher erfolgreich mit der Tatkraft und der unbezähmbaren Energie zu wetteifern vermocht: beides Eigenschaften der alles erobernden Armut.

Damit es nicht scheine, es solle hier etwas zur Unehre der akademischen Bildung gesagt werden, will ich ausdrücklich bemerken, daß ich hier nur die glücklichen jungen Leute im Auge habe, die sich ihren Lebensunterhalt verdienen müssen; dagegen ist der Verfasser dieser Zeilen der letzte, der jenen, welche genügende Mittel besitzen, von einer akademischen Bildung abrät: ist doch verglichen mit ihr aller Geldgewinn, selbst der des vielfachen Millionärs, wertlos. Für den Armen aber ist es erste Pflicht, ein hinreichendes Vermögen zu erwerben, und Pflichterfüllung ist mehr wert als alle Universitätsbildung. Höhere Bildung gibt dem, der sie wirklich voll in sich aufnimmt, einen vornehmen Geschmack und höhere Ziele als der Erwerb von Reichtümern; sie öffnet ihm eine Welt voll Entzücken, zu welcher dem, der nichts anderes als ein Millionär ist, der Schlüssel fehlt; daher liegt in dem Beweis, daß höhere Bildung nicht die beste geschäftliche Erziehung ist, zugleich die Anerkennung ihres Anrechtes für eine höhere Welt. Wahre Erziehung kann auch außerhalb der Schulen erlangt werden; das Genie ist üblicherweise nicht in Akademien zu Hause, es gleicht vielmehr einer wilden Blume im Walde, die keiner Pflege von seiten der Gesellschaft bedarf – nur die Durchschnittsbegabung braucht Universitäten.

Der junge Praktiker, welcher an der Wechselbank oder am Zahltisch steht und für den sich die Göttin des Glücks noch nicht besonders interessierte, mag zu dem Schlusse kommen, daß es für ihn unmöglich ist, in unserer Zeit ein eigenes Geschäft zu gründen. Darin liegt etwas Wahres. Zweifellos ist es heutzutage unendlich schwieriger, ein neues Geschäft anzufangen als früher; dennoch besteht die Schwierigkeit mehr in der veränderten Art und Weise als in der Möglichkeit der Sache selbst. Denn es ist heutzutage für einen geschickten jungen Mann auch um ein Bedeutendes leichter, eine Teilhaberschaft in bereits bestehenden Firmen zu erwerben, als es jemals vorher war. Die Fähigen finden die Türen keineswegs verschlossen; im Gegenteil, die Pforten öffnen sich ihnen jetzt viel leichter. Kapital ist heute nicht nötig, und selbst der Familieneinfluß zählt nicht mehr wie früher. Wahre Geschicklichkeit und wirkliche Leistungsfähigkeit waren niemals gesuchter als eben jetzt, und nie zuvor wurden sie so gut honoriert.

Das Gesetz, demzufolge die leitenden Gewerbe, Fabriken und Finanzinstitute immer größer und dafür immer weniger werden, enthält zugleich ein anderes, nicht weniger mächtiges Gesetz: Große Betriebe können nicht erfolgreich von bezahlten Angestellten geleitet werden. Kein Geschäft kann einen glänzenden und dauernden Erfolg haben, es sei denn, daß seine Leitung in den Händen von Männern liegt, die bei seinen Ergebnissen finanziell beteiligt sind. In der industriellen Welt scheinen die Tage der anonymen Gesellschaften gezählt zu sein. Ich hatte während meines Lebens oft die Gelegenheit, die Operationen großer Unternehmen zu beobachten, welche von bezahlten Beamten geleitet wurden und Hunderten von Kapitalisten gehörten, die nicht im Geschäfte tätig waren. Im Gegensatz zu solchen Betrieben zahlten diejenigen, welche von tatsächlich interessierten Eigentümern geleitet werden, zufriedenstellende Dividenden, selbst in Fällen, in denen Aktiengesellschaften sich in Schwierigkeiten befanden und kaum wußten, wie die Jahresbilanz ausfallen würde. Die großen Textilhäuser, die ihre Angestellten an den Gewinnen jedes Departements beteiligen, arbeiten mit Erfolg, während die, welche nur mit bezahlten Angestellten arbeiten, fehlschlagen. Sogar bei der Verwaltung unseres großen Hotels hat sich eine Gewinnbeteiligung der wichtigsten Arbeiter als zweckmäßig erwiesen. In jedem Geschäftszweig offenbart sich dasselbe Gesetz; im großen und ganzen sind jene Betriebe die blühendsten, welche eine immer steigende Zahl ihrer tüchtigsten Arbeiter am Gewinn beteiligen. Die Fabrik, welche keine ausgebildeten Techniker besitzt, sollte diesem Mangel so schnell wie möglich abhelfen; höchstwahrscheinlich wird sie die rechten Leute unter den jungen, frischen Mechanikern finden, die bis jetzt für geringen Tagelohn arbeiteten, oder unter den jungen Leuten, die eben vom Polytechnikum kommen. Täglich bieten sich Beispiele daür, daß Gesellschaften einen vielversprechenden jungen Mann durch Gewinnanteil ans Geschäft binden, nur um seine Dienste nicht zu verlieren. Irgendein fähiger

Fabrikant oder eine kaufmännische Firma bietet dem Betreffenden das, was er verlangt. Denn jeder tüchtige Geschäftsmann ist auf der Suche nach persönlichen Fähigkeiten, dem unentbehrlichen Artikel. Bis jetzt war es bei den Aktiengesellschaften nicht Brauch, den kommenden Geschäftsleiter zu belohnen; dazu muß es aber über kurz oder lang kommen, wenn diese Aktiengesellschaften nicht denjenigen Betrieben unterliegen wollen, die von Männern geleitet werden, die am Gewinn beteiligt sind.

Auf der anderen Seite bieten, wie ich für junge Leute bemerken möchte, Gesellschaften auch einen Vorteil. Ihre Anteilscheine stehen öffentlich zum Verkauf. Wenn ein Arbeiter heutzutage in Amerika einen Anteil in einem Fabrikbetriebe wünscht, so kann er den leicht genug haben und schon mit 50 oder 100 Dollar Aktienbesitzer werden. Es wird unter Arbeitern immer gebräuchlicher, ihre Ersparnisse in dieser Weise anzulegen. Viele gut geleitete Gesellschaften zahlen den Einlegern eine recht zufriedenstellende Dividende, und der Arbeiter kann seinem Arbeitgeber keinen besseren Beweis seiner Fähigkeit und seines richtigen Urteils geben als die Eintragung seines Namens in die Liste der Aktieninhaber der Gesellschaft.

Arbeitsleute haben ein gewisses Vorurteil gegen die Offenlegung ihrer Ersparnisse gegenüber dem Arbeitgeber; doch das ist verkehrt. Der sparende Arbeiter ist zugleich der tüchtige Arbeiter, und ein weiser Arbeitgeber sieht in den Ersparnissen seiner Leute den deutlichsten und besten Beweis dafür, daß sie für ihn einen ganz besonderen Wert besitzen. Es sollte das Bestreben einer jeden Gesellschaft sein, ihre besten Angestellten zur Anlage ihrer Ersparnisse in Aktien der Gesellschaft zu veranlassen. Nur so können Aktiengesellschaften hoffen, mit solchen Einzelfabrikanten zu konkurrieren, welche das wertvolle Geheimnis für außergewöhnlichen Erfolg – nämlich die Gewinne mit denen zu teilen, die am meisten zu deren Erzeugung beitragen – schon längst entdeckt haben. Die Zeiten, in denen der bloße Aktieninhaber seine Dividende einheimste und kein weiteres Interesse an der Arbeit und den Werken der Gesellschaft nahm, dürften bald vorüber sein. In der industriellen Welt ist der Tag des wertvollen Arbeiters nahe. Junge Arbeiter sollten daher nicht den Mut verlieren; ganz im Gegenteil, sie mögen voller Hoffnung sein. Von Tag zu Tag wird es dem Mechaniker und dem wirklich fähigen Praktiker leichter, seinem Arbeitgeber seine Bedingung zu diktieren. Wo früher nur ein einziger Weg zum Aufstieg war, bieten sich heute Dutzende solcher Wege dar. Die ungeheuren Betriebe werden in der Zukunft ihren Gewinn nicht unter Hunderten von müßigen Kapitalisten, sondern unter die hundert fähigsten Angestellten verteilen, von deren Geschicklichkeit und Anstrengungen jeder Erfolg in hohem Grade abhängt. Der kapitalistische, dem Geschäft fernstehende Aktienbesitzer muß durch den fähigen, im Geschäft tätigen Arbeiter ersetzt werden.

Die zum Vorwärtskommen nötigen Eigenschaften hat niemand besser gekennzeichnet als George Eliot, welche das Nötige sehr markig wie folgt hervorhebt: »Ich will

Ihnen sagen, wie ich vorwärtskam. Ich hielt Ohren und Augen offen und machte meines Herrn Interessen zu meinen eigenen.«[9]

Die erste Bedingung zum Vorwärtskommen ist die Erregung von Aufmerksamkeit. Der Betreffende muß etwas Außergewöhnliches tun und vor allem etwas, was über den Kreis seiner eigentlichen Pflichten hinausgeht. Er muß seinem Arbeitgeber einen Ratschlag geben, eine Einsparung machen oder ihm einen Dienst leisten, zu dem er nicht verpflichtet ist. Wenn er dadurch die Aufmerksamkeit seines unmittelbaren Vorgesetzten – und sei dies nur ein Vorarbeiter – gewonnen hat, dann ist der erste große Schritt zum Vorwärtskommen für ihn getan. Denn von seinem unmittelbaren Vorgesetzten hängt seine Beförderung ab. Wie hoch er hinaufzuklimmen vermag, das ist dann ganz und gar seine eigene Sache.

Wir hören oft Leute darüber klagen, daß sie keine Gelegenheit haben, ihre Geschicklichkeit zu zeigen, oder daß diese nicht anerkannt wird. Daran ist sehr wenig Wahres. Sein eigenes Interesse treibt den Vorgesetzten dazu, dem Manne die erste Stelle einzuräumen, der sie am besten auszufüllen vermag, denn der Vorgesetzte ist für die ihm unterstehende Abteilung verantwortlich. Kein Mann vermag einen anderen niederzuhalten. Man wird immer wieder feststellen, daß die meisten praktischen Männer, welche ein Vermögen erwarben, dieses dadurch erwarben, daß sie die von ihnen gemachten Verbesserungen selbst in der Hand behielten. Verbesse-

[9] George Eliot, Pseudonym für Mary Ann Evans (1819–1880), englische Schriftstellerin.

rungen werden leicht von solchen Leuten gefunden, welche immer ein und dasselbe Feld bearbeiten, denn sie haben die genaueste Kenntnis der Probleme. Gerade auf diesem Wege wurden die wertvollsten Verbesserungen gemacht. Wer eine Verbesserung einführt, der tut viel besser daran, einen Anteil am Geschäft zu erstreben anstatt eine Gehaltserhöhung. Selbst wenn bis dahin das Geschäft nicht sehr gewinnbringend war, wird er, wenn er das rechte Zeug in sich fühlt, glauben, er könne den Gewinn verbessern – und das kann er auch. Alle Geschäfte haben gute und schlechte Zeiten. Tagen der Depression folgen Tage des Aufschwungs. Das eine Jahr bringt große Überschüsse, andere wieder geringen oder gar keinen Ertrag. Das ist in der Geschäftswelt nun mal Gesetz, und ich brauche hier seine Ursachen nicht weiter zu entwickeln. Deshalb sollte der praktische Geschäftsmann sich nicht auf diesen oder jenen Geschäftszweig versteifen; jedes gut geführte Geschäft wird während einer bestimmten Zeit einen hübschen Gewinn abwerfen.

Drei große Hindernisse stellen sich jedem jungen Mann, der seinen Fuß im Steigbügel hat und im Aufsteigen begriffen ist, entgegen. Zunächst Trunksucht; sie wird geradezu zum Verhängnis. Spirituosen verderben jeden jungen Mann, mögen seine Talente auch noch so groß sein – je größer seine Talente, um so größer die Enttäuschung. Das zweite Hindernis besteht im Spekulieren. Die geschäftliche Tätigkeit eines Spekulanten und die eines Fabrikanten oder wirklichen Geschäftsmannes sind nicht nur verschieden, sondern geradezu unvereinbar. ...[10] Niemals in meinem Leben habe ich einen spekulativen Fabrikanten oder spekulativen Geschäftsmann gekannt, dem der Erfolg treu geblieben wäre. Heute ist er reich, morgen bankrott. Vor allem ist es die Aufgabe des Fabrikanten, Artikel zu erzeugen und Arbeit zu geben. Beides macht seine Laufbahn erst lobenswert. Ein Mann mit solchem Berufe ist der Menschheit nützlich. Der Kaufmann nützt ihr durch die Herstellung von Waren, der Bankier durch die Besorgung von Kapital.

Das dritte Hindernis für jedes Vorwärtskommen, das fast so schlimm ist wie das Spekulieren, sind Bürgschaften jeder Art.

Geschäftsleute bedürfen unregelmäßiger Geldzuschüsse; zu manchen Zeiten geringe, zu anderen Zeiten ungeheure Summen. Da andere sich in derselben Lage befinden, so entsteht eine große Versuchung zu gegenseitigen Gefälligkeitswechseln. Diese Klippe muß vermieden werden. Zweifellos gibt es Fälle, in denen man einem Freunde helfen soll; doch auch in diesem Fall soll man die folgende Regel zu seiner Absicherung beachten: Zahlungsverpflichtungen für einen anderen einnehmen darf nur, wer genügend Kasse zur Einlösung einer solchen Verpflichtung hat, ohne daß sein eigenes Geschäft dadurch Schaden leidet. Alles andere ist nicht ehrenhaft. Jeder Geschäftsmann hat sich als Verwalter des Geldes zu betrachten, das ihm andere anvertraut haben; seine Gläubiger besitzen das volle Recht auf all

[10] Kurze Passage gestrichen.

sein Kapital und all seinen Kredit. Für deine Firma deinen Namen, dein Vermögen und deine Ehre – alles; in jedem anderen Falle jedoch, unabhängig davon, wie die Verhältnisse liegen mögen, leiste nur die Hilfe, welche du ohne Gefahr für deine eigenen Verpflichtungen leisten kannst. Das Beste ist deshalb, lieber bares, dir selbst entbehrliches Geld herzugeben als deine Bürgschaft.

Ein anderer wichtiger Grund für den geschäftlichen Mißerfolg junger Leute ist der Mangel an Konzentration. Sie neigen zu Kapitalanlagen außerhalb ihrer eigentlichen Tätigkeit. Das ist die Ursache vieler überraschender Mißerfolge. Jedes bißchen Kapital, jeder geschäftliche Gedanke, jedes bißchen Kredit sollte auf das eine Geschäft verwandt werden, dem man sich gewidmet hat. Zersplittere niemals deine Mittel. Das muß ein armseliges Geschäft sein, welches bei vermehrter Kapitalanlage nicht bessere Erträge liefert als jede andere dem Geschäfte fremde Anlage. Kein Mensch, keine Mehrheit von Männern und keine Gesellschaft vermag das Geld eines Geschäftsmannes so gut anzuwenden wie er selbst. Die Regel: »Tu nicht alles in einen Korb« findet hier keine Anwendung. Gerade das Gegenteil ist richtig: »Tu alles in ein und denselben Korb.« Das allein ist die richtige Regel.

Obgleich Geschäfte jeder Art sich in ungeheure Großbetriebe verwandelt haben und täglich verwandeln, so zeigt sich doch jeden Tag, daß wirkliche Tüchtigkeit nach wie vor unentbehrlich ist. Gesellschaften, deren Aktien jeden Tag am Markt zu haben sind, Partner, welche ihre fähigsten Arbeiter beteiligen, Kaufleute, welche ihre ungeheuren Betriebe nur mit dem Einsatz außerordentlicher Fähigkeit erfolgreich im Gange halten können: in jedem Bereiche der Geschäftswelt sind die Wege für den nüchternen, sparsamen, energischen Mechaniker, für den wissenschaftlich gebildeten Jüngling sowie für den Büroburschen und den Gehilfen zahlreicher, breiter und leichter zugänglich als je zuvor: sie alle können deshalb größere Erfolge erringen, als es ihnen jemals zuvor möglich gewesen war.

Deshalb kann man dem jungen Mann, der erklärt und sich darüber beklagt, daß er keine Gelegenheit habe, seine Fähigkeiten zu zeigen und zur selbständigen Teilhaberschaft aufzusteigen, nur die alte Antwort geben:

»Der Fehler, teurer Brutus, liegt nicht bei den Sternen,
Nein bei uns selbst allein, daß wir nur Knechte.«[11]

[11] Shakespeare, *Julius Caesar,* Akt 1, Szene 2.

DAS GEMEINSCHAFTLICHE INTERESSE VON ARBEIT UND KAPITAL

Ansprache an Arbeiter

Ein großer Philosoph hat uns gezeigt, daß der größte und wichtigste Lohn, den wir in diesem Leben erwarten können, darin besteht, sich selbst genugzutun. Solch eine Befriedigung – eine der größten, die ich jemals gehabt, empfinde auch ich: Es war mir vergönnt, einigen meiner Mitarbeiter zu helfen, sich selbst zu helfen. Diese Bücherei wird Ihnen die Gelegenheit geben, sich für Ihre Arbeitgeber wertvoller zu machen und für Sie selber ein geistiges Kapital zu schaffen, welches weder verschlechtert noch vermindert werden kann.

Es ist sehr zu beklagen, daß die unwiderstehliche Richtung unseres Zeitalters, welche das Fabrikwesen in ungeheure Betriebe zusammenfaßt, die das Werk Tausender von Menschen erfordern, es den Arbeitgebern, selbst wenn sie in der Nähe ihrer Werke wohnen, unmöglich macht, eine gleich intime Bekanntschaft mit ihren Angestellten einzugehen wie zur Zeit des alten Systems mit seinen sehr kleinen Betrieben. Die Beziehungen zwischen Arbeitgeber und Arbeitnehmer waren früher zweifellos für beide um vieles angenehmer. Solange die Artikel in kleinen Läden von den Inhabern selbst mit der Hilfe von wenigen Gehilfen und Lehrjungen hergestellt werden konnten, hatte der Arbeitgeber volle Gelegenheit, jeden einzelnen mit seinen Vorzügen als Mensch und Arbeiter gründlich kennenzulernen; andererseits wußte auch der Arbeiter – wie es sich ganz von selbst versteht – mehr über das Geschäft seines Arbeitgebers sowie über dessen Sorgen und Kummer und seine Bemühungen, sie zu überwinden. Wichtiger als all das aber war, daß die Arbeiter etwas über die Charaktereigenschaften ihres Meisters wußten. Das alles hat sich geändert; die Arbeiter wurden für ihre Meister mehr zu menschlichen Maschinen und der Arbeitgeber für seine Arbeiter mehr und mehr zu einer fernen, fast sagenhaften Gestalt. Obwohl dieser Zustand, von welcher Seite man ihn auch immer betrachten mag, außerordentlich bedauernswert ist, sehe ich doch keine Abhilfe dafür. Das freie Spiel wirtschaftlicher Gesetze zwingt die Fabrikation allgemeiner Gebrauchsartikel immer weiter in die Gewalt weniger enorm großer Betriebe, weil nur so die Kosten für die Abnehmer gesenkt werden können. Solche Artikel können nicht mehr in kleinen Massen erzeugt werden; deshalb sind heute ausgedehnte Werke und Maschinen, welche Millionen kosten, nötig. Die Höhe der Kosten, die man stehende Ausgaben nennt, sind ein bedeutender Faktor des Ausgabenetats, denn der Erfolg eines Betriebs hängt in vielen Fällen davon ab, ob diese stehenden Ausgaben, die in großen und kleinen Betrieben fast dieselben sind, sich auf tausend oder fünfhundert Tonnen Tagesproduktion verteilen. Das ist die eigentliche Ursache für die dauernd wachsende Zunahme der Großbetriebe; sie wird nicht etwa von den Fabrikanten gewünscht. Die Anstrengungen der Konkurrenz zwingen ihn aber zur Ausdehnung seines Betriebes, das heißt zur Senkung der stehenden Ausgaben per Tonne oder Meter. Schließlich hängt davon die Sicherheit seines Kapitals ab! So ist nun für den Arbeitgeber jede nähere persönliche Beziehung mit seinen Arbeitern unmöglich geworden; deshalb muß, wenn Arbeitgeber und Arbeitnehmer nicht jede Fühlung miteinander verlieren sollen, der Arbeitgeber seinem Interesse eine andere Form geben und seine Fürsorge für das Wohlergehen seiner Angestellten, auf deren Arbeit sein eigener Erfolg beruht, dadurch zeigen, daß er einen Teil seines Verdienstes für Wohlfahrtseinrichtungen für seine Angestellten verwendet.

Solche Einrichtungen sind nun diese neue Bücherei und die Genossenschaftsläden zur Versorgung unserer Arbeitergenossenschaften im unteren Stock des Gebäudes. Ich hoffe, unsere Arbeitnehmer werden durch den Gebrauch, welchen sie von unseren Wohlfahrtseinrichtungen machen, den Beweis liefern, daß sie die Fürsorge ihrer Arbeitgeber zu schätzen wissen. Durch solche Mittel dürfen wir vielleicht hoffen, bis zu einem gewissen Grade das alte freundschaftliche Verhältnis sowie das gegenseitige Vertrauen und die gegenseitige Wertschätzung von früher wiederherzustellen. Wir sind jünger als Europa und haben in dieser Hinsicht noch manches vom alten Weltteil zu lernen; immerhin freut es mich zu bemerken, daß in vielen Arbeitgebern das Pflichtgefühl ihren Arbeitern gegenüber zu erwachen beginnt; ja – was nach meinem Dafürhalten noch viel wichtiger ist – es gibt Anzeichen dafür, daß unsere Arbeiter den Wunsch haben, zu Genossenschaften zusammenzutreten, was nur zu ihrem Wohlsein beitragen kann. Es ist ja recht schön, wenn einer dem anderen hilft; das Höchste aber wird dann erreicht, wenn die Menschen fähig werden, sich selbst zu helfen.

Eine andere wichtige Tatsache ist der gute Lohn in Pittsburgh. Im allgemeinen ist der Arbeiter hier so gut bezahlt, daß er, wenn er nur den Willen dazu hat, jeden Monat etwas beiseite legen kann. Nichts ist so wichtig wie die Ersparnisse aus seinem Lohn. Der Arbeiter, der ein Zuhause besitzt, hat damit auch die erste Grundlage zu einer geeigneten Rente, mit der er sich auf seine alten Tage Komfort und Unabhängigkeit verschafft.

Ich habe davon gesprochen, wie wünschenswert es wäre, ein Gefühl von Gegenseitigkeit und Kollegialität zwischen Arbeitgeber und Arbeitnehmer zu schaffen. Glauben Sie mir, die Interessen von Kapital und Arbeit sind durchaus die gleichen. Der ist ein Feind des Arbeiters, der den Arbeiter gegen das Kapital aufzuhetzen sucht.

Ich habe das Verhältnis zwischen Kapital und Arbeit jahrelang studiert und will einige Sätze aus einem von mir vor einiger Zeit veröffentlichten Artikel anführen; der Artikel trägt den Titel: »Die Hauptursachen der Reibungen zwischen Kapital und Arbeit«. Dort heißt es: »Der Verdruß hat darin seine Ursache, daß die Arbeiter zu keiner Zeit der Konjunktur entsprechend bezahlt werden.« Alle Großbetriebe sind mit Arbeit für etwa sechs Monate versorgt; diese Aufträge wurden zu den zu der Zeit vorherrschenden Preisen abgeschlossen. Die

Vorgänge des letzten Jahres (1888) bieten vielleicht den besten Beweis für dieses Problem. Eisenschienen kosteten am Ende des vorigen Jahres bei Lieferungsverpflichtung für dieses Jahr 29 Dollar per Tonne ab Werk. Die Fabriken übernahmen ohne weiteres Aufträge zu diesen Preisen und fuhren fort, sie zu übernehmen, bis die unerwartet eintretende Nachfrage den Preis auf 35 Dollar per Tonne in die Höhe trieb. Infolgedessen sind die meisten Betriebe Amerikas gezwungen, für sechs Monate und auch länger zu einem niedrigeren Durchschnittspreis (als 31 Dollar an der Seeküste und um Pittsburgh herum und etwa 34 Dollar um Chicago herum) zu liefern. Fracht und Eisensteine sind inzwischen merklich in die Höhe gegangen; die Werke müssen daher für den Hauptteil des Jahres mit sehr geringem Verdienst arbeiten.

Die Arbeiter dagegen, welche durch die Zeitungen von der Preissteigerung erfahren, verlangen ganz natürlich ihren Anteil an der Steigerung der Preise und erhalten ihn auch bei den bestehenden ungesunden Beziehungen zwischen Kapital und Arbeit. Die Arbeitgeber hatten widerwillig nachgegeben, obgleich ihnen durchaus klar war, daß sie unter gesunden Verhältnissen gar nicht um eine Lohnerhöhung hätten angegangen werden können; so entstand eine Reibung zwischen beiden Teilen und eine noch jetzt bestehende Unzufriedenheit bei den Arbeitgebern.

Und nun die Kehrseite des Bildes: Der Eisenschienenmarkt fällt wieder, und die Werke haben noch für sechs Monate Arbeit zu höheren als den üblichen Preisen; sie können ihren Leuten auch höhere Löhne zahlen, als der übliche Satz ist; doch da sie ihnen kurz vorher außerordentlich hohe Löhne zahlen mußten, die sie eigentlich nicht hätten zahlen dürfen, so versuchen sie jetzt, die Löhne im Verhältnis zu den niedrigen Preisen des Schienenmarktes herabzudrücken. Die Folge davon ist: Unzufriedenheit unter den Arbeitern, Unterhandlungen und endlich Arbeitseinstellungen, welche den Anfang dieses Jahres kennzeichneten. Mit anderen Worten: Wenn der Arbeitgeber heruntergeht, besteht der Arbeitnehmer darauf, in die Höhe zu gehen und umgekehrt. Wir müssen daher nach einem Plan ausschauen, der es ermöglicht, den Arbeitern stets dann hohe Löhne zu bewilligen, wenn ihre Arbeitgeber hohe Preise für ihre Erzeugnisse und damit auch größeren Nutzen ernten; andrerseits werden die Arbeiter mit niedrigen Löhnen zufrieden sein müssen, wenn die Arbeitgeber nur niedere Preise für ihre Erzeugnisse und damit auch nur einen kleinen oder gar keinen Gewinn ernten. Sobald diese Idee verwirklicht werden kann, haben Arbeitgeber und Arbeiter absolut das gleiche Interesse; sie erfreuen sich gemeinschaftlich guter Zeiten und halten tapfer zusammen aus in schlechten Zeiten.

Wird diese Idee verwirklicht, dann fällt jeder Grund zu Streitigkeiten fort. Anstelle des Gefühls einer Gegnerschaft wird das einer Teilhaberschaft zwischen Arbeitnehmer und Arbeitgeber entstehen. Um diesen Zustand zu erreichen, welchen Arbeitgeber und Arbeitnehmer mit all ihrer Energie herbeiführen sollten, gibt es ein einfaches Mittel: Die Löhne müßten Monat für

Monat nach einer gleitenden Skala im Verhältnis zu den für das Produkt erzielten Nettopreisen festgestellt werden. Unter der gleitenden Skala ist es dem Kapitalisten nicht möglich, die Arbeiter zu betrügen.

Ein Vorteil dieser Bücherei (Carnegie-Bibliothek zu Braddok, Pensylvania) ist der, daß Sie hier alle Tageszeitungen und Handelsblätter finden; ich bitte Sie, alle diese Blätter aufmerksam zu lesen. Sie werden darin viele falsche Angaben und Irrtümer finden. Dergleichen gehört zum Zeitungswesen, da es gezwungen ist, in Hast zu arbeiten und bloße Gerüchte zu verzeichnen. Dennoch kann aus dem Studium der vorzüglichsten Zeitungen ganz wohl die Richtung erkannt werden, welche die Geschäfte nehmen. Die Zeitungen werden Ihnen keinen durchaus richtigen Bericht über die Materialpreise geben. Fabrikanten sind immer geneigt, die Situation in blühenden Farben zu malen und die besten Preise bekanntzugeben in der Absicht, Leute zum Kauf zu veranlassen und dadurch neue Kunden heranzuziehen. Höchstwahrscheinlich werden sie nie darüber berichten, zu wie niedrigen Preisen sie zu verkaufen gezwungen waren, um der Konkurrenz zu begegnen und ihre Werke im Gange zu erhalten. Trotzdem wird ein sorgsames Studium der Zeitungen und Handelsblätter Sie instand setzen, eine Vorstellung über die Richtung der Vorgänge in der Handelswelt zu gewinnen. Sie werden durch das Lesen erfahren, daß von den 13 mit der Fabrikation von Eisenschienen beschäftigten amerikanischen Werken nur drei mit voller Kraft arbeiten. Nur noch eine einzige Fabrik im ganzen Westen macht Nägel (Nord

Chicago), und ich fürchte sehr, daß auch diese nicht mehr lange zu dauernder Arbeit imstande sein wird.–

Am betrüblichsten in allen Streitigkeiten zwischen Kapital und Arbeit ist der Umstand, daß nur außerordentlich selten der Kapitalist die Arbeitspreise niederdrückt, sondern daß es die Arbeit selbst ist, welche die Löhne niederdrückt. Blicken Sie um sich: In einigen Betrieben arbeiten die Arbeiter um 10, 20, selbst um 30 Prozent billiger und in Johnstown und Harnsbury sogar für weniger als die Hälfte des hier in diesem Bezirk gezahlten Lohnes. Angesichts dieser Tatsachen können Sie das Kapital nicht anklagen, sondern müssen die Arbeitgeber, die diesen Rückschlag auch bedauern und jahrelang für höhere Preise kämpften, als die besten Freunde des Arbeiters ansehen, um so mehr, wenn Sie sich ehrlich und offen eingestehen, daß Ihre Arbeitgeber gezwungen sind, ihre Arbeiter zu demselben Lohn zu bezahlen wie die andern Arbeitgeber – nur um ihre Werke zu retten und ihren Leuten dauernde Beschäftigung zu geben. Derjenige Arbeitgeber, der die Arbeit zuerst einschränkt, ist ein Feind der Arbeiter, dagegen der Arbeitgeber, der die Arbeit zuletzt einschränkt, ihr bester Freund. Der Todfeind der Arbeiter ist also nicht der Kapitalist, sondern der Arbeiter selbst.

Der größte Charakter im öffentlichen Leben Englands und der festeste Freund der Vereinigten Staaten in der Stunde der Not, der Radikale John Bright[1], antwortete einst auf die Frage, was seine wertvollste Eigen-

[1] John Bright (1811–1889), britischer Staatsmann.

schaft sei: »Der Geschmack am Lesen.« Ich kann offen und aus eigener Erfahrung sagen, daß ich mit diesem großen Mann übereinstimme. Im Bestreben, Ihnen den bestmöglichen Rat zu geben, empfehle ich Ihnen: Pflegen Sie den Geschmack am Lesen. Als halbwüchsiger Knabe hatte ich Zutritt zu der Bücherei eines Oberst Anderson, dessen Andenken ich immer verehren werde. Er besaß einige hundert Bücher und machte öffentlich bekannt, daß er diese Bücher jeden Samstag an Knaben und junge Leute ausleihen würde. Sie können sich gar nicht vorstellen, mit welcher Spannung einige unter uns, die sich diese Gelegenheit, Kenntnisse zu erwerben, zunutze machten, jedem Samstagnachmittag entgegensahen, an dem wir unser Buch gegen ein anderes umtauschen konnten. Auch mein wichtigster Teilhaber, Herr Phipps, hatte damals Zugang zu den Schätzen des Wissens gefunden. Aus eigener Erfahrung weiß ich, daß nichts so sehr zum Guten beiträgt, nichts so stark auf eine Gemeinschaft wirkt wie die Einrichtungen, welche die in den Büchern enthaltenen Schätze allen Menschen zugänglich machen.

Gelegentlich finden wir auch in unseren Tagen Spuren des alten Vorurteils, das die Erziehung der breiten Massen des Volkes ablehnte. Wenn ich bedenke, was bis jetzt als Erziehung galt, wundere ich mich nicht darüber. Die Menschen verloren ihre besten Jahre mit dem Studium einer unwissenden Vergangenheit, die uns höchstens lehrt, was wir vermeiden sollen. Männer ließen ihre Söhne Schulen besuchen, in denen die Kräfte mit dem Erlernen von Griechisch und Lateinisch vergeudet werden, also mit Dingen, die für junge Leute nicht mehr Nutzen haben als Choctaw[2]. Ich habe nur wenige akademisch gebildete Leute gefunden, die Shakespeare oder Milton[3] näher gekannt hätten. Sie wußten Ihnen alles mögliche über Ulysses oder Agamemnon zu erzählen; doch was ist all das im Vergleich zu unseren eigenen Klassikern? Russel Lowell hat uns einen großen Dienst erwiesen, für den wir ihm zu höchstem Dank verpflichtet sind. Er erklärte nämlich ganz offen, daß in Shakespeare allein mehr Schätze zu finden seien als in allen Klassikern des Altertums zusammengenommen. Junge Leute werden vollgestopft mit allen Einzelheiten unbedeutender und erbärmlicher Kämpfe zwischen Wilden; man hat sie gelehrt, eine Bande von Räubern als Helden zu verehren, und nannte diese jungen Leute gebildet. Sie sind so erzogen worden, als sollten sie auf irgendeinem andern Planeten und nicht auf unserer Erde leben! Irgendwelche Belehrung im eigentlichen Sinne des Wortes ist ihnen nicht erteilt worden. Vielmehr hat das, was man sie gelehrt hat, nur dazu beigetragen, daß sie jetzt falsche Anschauungen haben und einen Widerwillen gegen das praktische Leben. Ich wundere mich keineswegs, daß gegen eine solche Art von Bildung ein Vorurteil bestand und noch besteht. Nach meiner eigenen Erfahrung gibt es wenige für das Geschäft bestimmte junge Leute, die von ihrer akademischen Bildung keinen Schaden erfahren hätten. Würden sie die Jahre, die

[2] Sprache eines nordamerikanischen Indianerstammes.

[3] John Milton (1608–1674). Neben William Shakespeare (1564–1616) einer der bedeutendsten Vertreter der englischen Literatur.

sie auf der Schule zubrachten, zu tüchtiger Arbeit angewandt haben, sie wären im eigentlichen Sinne des Wortes Leute von besserer Erziehung geworden. Ihr Feuer und ihre Tatkraft hat man ihnen niedergetreten, und es wurde für sie zur Hauptfrage, wie man ein müßiges und nicht, wie man ein nützliches Leben lebe.

Doch jetzt setzt sich eine neue Art von Bildung durch! Wir beginnen einzusehen, daß die Kenntnis z.B. der Chemie mehr wert ist als die Kenntnis aller toten Sprachen zusammengenommen, welche jemals auf der Erde gesprochen wurden; und daß die Kenntnis der Mechanik nützlicher ist als alle klassische Bildung, die sich in einen jungen Mann hineinstopfen läßt. Wozu taugt ein junger Mann, der Griechisch gelernt hat, verglichen beispielsweise mit einem, der Stenographie, Telegraphie, Buchhaltung, Chemie oder die Gesetze der Mechanik versteht? Nicht daß irgendeine Kenntnis unterschätzt werden soll; jede Kenntnis ist in gewissem Sinne nützlich. Nur möchte ich betonen: Die heutige höhere Bildung ist – wenn wir von den wenigen Leuten absehen, welche Altertumsforscher werden wollen und in der Entzifferung einer staubigen Vergangenheit ihr Lebenswerk sehen, sowie von den wenigen, welche die Beamtenlaufbahn ergreifen – durchaus und direkt von Nachteil.

Der Mangel an richtiger Bildung hat mehr als alles andere dazu beigetragen, die allgemeine Anerkennung der Arbeit zu verhindern. Ich erinnere mich, daß der große Präsident Edgar Thomson[4], der größte aller Ei-

[4] J. Edgar Thomson, Präsident der *Pennsylvania Railroad*, bei der Carnegie als junger Mann Karriere gemacht hat. Thomson hat zusammen mit

senbahndirektoren, nach welchem diese Werke alle benannt sind, mich einmal aufforderte, von Pittsburgh fortzugehen und Maschinenmeister der Pennsylvania-Eisenbahn zu werden. Gewiß, Sie mögen darüber lächeln; ich selbst sagte zu Thomson: »Sie setzen mich in Erstaunen, Herr Thomson. Ich verstehe ja nichts vom Maschinenwesen.« »Eben deshalb will ich«, so lautete seine Antwort, »daß Sie die Oberaufsicht übernehmen, denn ich habe noch niemals einen Mechaniker mit richtigem Urteil und gesundem Menschenverstand gefunden.« Das war noch vor Hauptmann Jones[5] Zeit. Er konnte also nicht diesen gemeint haben. Die Ursache dieses Mangels an richtigem Urteil ist der Mangel an allgemeiner Bildung bei den Mechanikern. Ich meine die Kenntnis von Sachen und Dingen, von denen wir umgeben sind und mit denen wir tagtäglich zu tun haben. Der beispiellose Aufschwung, den die Entwicklung der Bessemer Werke[6] in diesem Lande genommen, hat darin seine vorzüglichste Ursache, daß diese Werke, anders als in der übrigen Eisenindustrie, in die Hände von Männern von großer wissenschaftlicher Bildung kamen. Die von diesen Männern geleisteten Dienste sind von der ganzen

Scott beträchtliche Summen in Carnegies frühe Unternehmen investiert und damit zu dessen späterem Reichtum beigetragen.

[5] William Jones, Oberaufseher in Carnegies Stahlwerken; er galt als einer von Carnegies besten Männern. Er mußte schon als Zehnjähriger in einer Eisengießerei arbeiten. Während des Bürgerkriegs wurde er zum Hauptmann befördert. Jones kam bei der Explosion eines Hochofens ums Leben.

[6] Werke zur Massenherstellung von Stahl, die nach dem Bessemerverfahren arbeiten. Das Verfahren hat seinen Namen vom Erfinder Sir Henry Bessemer (1813–1898).

Welt anerkannt worden; ihnen wurde dafür ein Lohn zuteil, der vor wenigen Jahren noch als ungeheuerlich erschienen wäre. Sie haben die mechanische Arbeit wieder gehoben und so dazu beigetragen, daß diese in den Augen der Welt wieder gewürdigt wird. »Mechaniker, mechanische Ingenieure, Leiter von Stahlwerken«, diese Worte gelten jetzt als Ehrentitel. Wenn Sie Arbeit zu dem machen wollen, was sie sein sollte, dann bilden Sie sich weiter fort, indem Sie nützliche Kenntnisse erwerben. Das ist die Lehre, die ich nachdrücklich betonen möchte. Streben Sie nach Kenntnissen, damit Sie erfahren, was die Welt getan hat und tut und was der Gang der Dinge ist.

Der Wert der Bildung, die junge Leute heute erlangen, darf nicht überschätzt werden; ganz besonders möchte ich auf die in den technischen Schulen erlangte Bildung hinweisen. Es gab eine Zeit, in der die Wissensmenge der Wissenschaften so gering war, daß es einem jungen Manne leicht wurde, alles zu umfassen. Heutzutage jedoch ist die Wissenschaft so verzweigt, so ausgedehnt und so genau, daß es für den einzelnen unmöglich ist, mehr als ein kleines Gebiet zu kennen. Unser Zeitalter ist das Zeitalter der Spezialisten; deshalb sollten Sie, die in dieser Welt Ihren Lebensunterhalt erwerben müssen, zunächst das Fach oder die Kunst gründlich kennenlernen, welche Sie ernährt; Sie sollten danach streben, Ihr eigenes Geschäft so gut zu kennen, daß Sie in Ihrem Spezialgebiet zum Sachverständigen werden. Wenn Sie Mechaniker sind, dann studieren Sie alle Werke, die von der Mechanik handeln; wenn Sie Chemiker sind, jedes Werk, welches von Chemie handelt. Sind Sie an den Schmelzöfen beschäftigt – jedes Werk über Schmelzöfen, in den Bergwerken – jedes Werk über Bergwerke. Gestatten Sie niemandem, über Ihr Spezialgebiet mehr zu wissen als Sie selbst. Das sollte Ihr Ideal sein.

Es ist aber notwendig – wenn auch weniger wichtig –, eine gewisse Frische in Ihr Leben zu bringen: Lesen Sie über alles und alles durcheinander, soweit es Ihre Zeit erlaubt. Gerade wie der Ackerbauer zuerst nach seinem Korn, seinem Weizen und seinen Kartoffeln sieht, von denen er seine Einnahmen zieht, seine Mußestunden aber zur Pflege von Blumen rings um sein Haus verwendet, gerade so sei für Sie das eine Feld der Arbeit und das andere der Erholung gewidmet.

In diesen Zeiten des Überganges, des Kampfes zwischen Arbeit und Kapital, können Sie einige Ihrer Mußestunden kaum besser anwenden als mit dem Studium volkswirtschaftlicher Fragen. Es gibt gewisse volkswirtschaftliche Gesetze, denen niemand entgehen kann: das Gesetz von Angebot und Nachfrage; das Gesetz des Wettbewerbs sowie das Gesetz der Löhne und des Gewinnes. All das werden Sie in den Büchern finden; halten Sie es fest im Gedächtnis. Es ist ebenso unmöglich, die Wirkung dieser Gesetze aufzuheben, wie es unmöglich ist, die Gesetze der Natur aufzuheben, welche die Feuchtigkeit der Luft oder die Drehung der Erde um ihre Achse bestimmen.

Das ernste Studium der wissenschaftlichen Werke sollte aber das ebenso wichtige Studium der Werke der

Literatur nicht ausschließen. Nach meiner Ansicht ist die schlechte Meinung, welche viele von der schönen Literatur haben, ein Vorurteil. Ich weiß, daß einige, ja sogar die meisten hervorragenden Männer in einer guten Dichtung das beste Mittel für Genuß und Erholung finden. Bei körperlicher und vor allem bei geistiger Erschöpfung ist nichts so erfrischend wie die Lektüre eines guten Romans. Es zeugt durchaus von keinem Mißbrauch der öffentlichen Bibliotheken, wenn die Werke der schönen Literatur am meisten gelesen werden. Im Gegenteil, es fragt sich, ob überhaupt eine andere Literaturgattung so gut dem wichtigen Zwecke dienen würde, hart Arbeitende aus dem prosaischen und trockenen Pflichtenkreise des Alltagslebens emporzuheben. Die Werke Walter Scotts, George Eliots, Thackerays, Dickens'[7] und anderer von gleicher Bedeutung haben für Arbeiter ebensoviel Wert wie die Sachbücher.

Sie alle wissen, wieviel das industrielle Wissen jenen Verbesserungen und Erfindungen schuldet, die von den Arbeitern selbst kamen. Diese Verbesserungen und Erfindungen kommen stets von dem gebildeten – »gebildet« im wahrsten Sinne des Wortes – und niemals von dem unwissenden Arbeiter. Sie müssen von Männern stammen und stammen auch wirklich von Männern, die auf ihrem besonderen Gebiete mehr Wissen besitzen als ihre Kameraden. Wenn sie auch nichts gelesen haben, dann haben sie eben beobachtet, und das ist die beste

[7] Walter Scott (1771–1832), George Eliot (Pseudonym für Mary Ann Evans) (1819–1880), William Thackeray (1811–1863), Charles Dickens (1812–1870), englischsprachige Autorin und Autoren.

Art, sich zu bilden. Die Hauptsache ist doch die, daß sie überhaupt Wissen besitzen; wie sie zu ihrem Wissen gekommen sind, bleibt gleichgültig. Ihre Fähigkeit, über ein Problem mehr zu wissen als ihre Kameraden und Verbesserungen vorzuschlagen, ist für sie selbst und für ihre Arbeitgeber von Wert. Nichts bringt dem Arbeiter so sicher eine Stelle als Vorarbeiter, ja als Direktor sowie die Teilhaberschaft ein als das Wissen alles dessen, was auf seinem Spezialgebiete geleistet worden ist und wird. Vom Niedrigsten bis zum Höchsten hinauf vermag der intelligente Mann Besseres zu leisten als der Unwissende. Seine Kenntnisse sind ihm immer förderlich, und ob er sie in der Stellung eines leitenden Direktors besitzt oder bloß eines Mannes, der die Schaufel handhabt, er wird in jedem Falle ein wertvollerer Arbeiter sein. Aus meiner Praxis als Fabrikant weiß ich, daß unsere Firma mancherlei Mißgriffe gemacht hat einzig durch Vernachlässigung der Regel, niemals etwas Neues zu beginnen, bevor der Betriebsleiter Gelegenheit gehabt hat, alles zu prüfen, was in dem betreffenden Gebiete geleistet worden ist.

Die Vernachlässigung dieser Regel kostete uns Tausende von Dollars, und das hat uns vorsichtig gemacht. Demjenigen nun, der Ehrgeiz besitzt und vielleicht denkt, er habe eine Verbesserung im Kopfe, sage ich: Hier in den Räumen dieser Bücherei ist oder wird, wie ich hoffe, bald die Erfahrung der ganzen Welt über eben diesen Gegenstand bis in die jüngste Zeit angesammelt sein. Für jede Frage der Chemie, für jede Frage der Schmelzöfen-Praxis finden Sie die Aufzeichnungen der ganzen Welt zu Ihrer Verfügung; wenn Sie auf dem falschen Wege sind, werden die Bücher es Ihnen sagen; befinden Sie sich auf dem rechten Wege, so werden die Bücher Ihnen Mut machen. Sie können im Patentamt in Washington von einem Saale in den andern gehen: dort sehen sie Tausende von mißglückten Modellen für alle Gebiete menschlicher Tätigkeit. Aber 99 von 100 wären dort nicht aufgestellt worden, hätte der unwissende Erfinder die Gelegenheit gehabt, welche Ihnen diese Bücherei bietet.

Ich hörte Arbeitgeber sagen, in der Bildung der Massen liege eine große Gefahr, der einfache Mann werde dann mit seinen nützlichen und notwendigen Beschäftigungen nicht mehr zufrieden sein. Ich habe mich wirklich selbst bezwingen müssen, solche Grundsätze in Ruhe anzuhören. Sie sind ganz und gar falsch, und ich widerspreche ihnen auf das entschiedenste. Das Mißverständnis zwischen Kapital und Arbeit steht nämlich im direkten Verhältnis zur Unwissenheit der Arbeitgeber und zur Unwissenheit der Arbeitnehmer. Je intelligenter der Arbeitgeber, desto besser; je intelligenter der Arbeitnehmer, desto besser. Niemals hat Bildung, niemals haben Kenntnisse Zusammenstöße herbeigeführt; immer war Unwissenheit des einen oder beider Teile daran schuld. Aufgrund meiner nicht unbeträchtlichen Erfahrung stelle ich hier fest: Der Kapitalist kennt die Rechte und Ansprüche des Arbeiters nicht, und der Arbeiter kennt die Nöte und Gefahren der Kapitalisten nicht. Darin liegt die wahre Ursache aller zwischen beiden aufkommenden Reibungen.

Eine intime Kenntnis der guten Eigenschaften derer, die ihnen dienen, auf seiten der Kapitalisten und auf seiten der Arbeiter einige Kenntnisse der volkswirtschaftlichen Gesetze, welche die Kapitalisten in einem unbarmherzigen Zwang halten, würde vielen Mißhelligkeiten zwischen den beiden Teilen – da jeder den andern nötig hat – vorbeugen. Ich hoffe, diejenigen, welche den unschätzbaren Vorzug der Neigung zum Lesen besitzen, werden einige der Grundgesetze, von denen es weder für das Kapital noch für die Arbeit ein Entrinnen gibt, sorgfältig studieren. Wenn diese Bücherei zu diesem Zwecke auch nur das leiseste beiträgt, wird sie schon dadurch ihre Existenz gerechtfertigt haben.

Auch dürfen Sie bei all dem nicht vergessen, sich zu amüsieren. Man soll das Leben nicht allzu ernst nehmen. Es ist ein großer Irrtum zu glauben, der Mann, der am meisten arbeitet, werde den Preis gewinnen. Haben Sie ruhig Ihr Vergnügen. Lernen Sie gut Whist, gut Dame oder auch gut Billard spielen, interessieren Sie sich für Fußball, Kricket oder Pferderennen, kurz für irgend etwas, das Ihnen eine unschuldige Freude macht und Sie von den Mühen des Tages befreit. Nichts ist besser als ein herzliches Lachen! Ich schreibe den größten Teil meiner Erfolge der Tatsache zu, daß – wie meine Partner oft sagen – Sorgen an meinem Rücken herunterfließen wie Wasser an einer Ente. Shakespeare sagt an einer Stelle, die gut hierzu paßt: »Trage deine Sorgen wie das, was du äußerlich an dir hast, gerade wie deine Kleider: unbekümmert.«

Man begegnet vielen Menschen, die davon überzeugt

sind, daß sie groß und erfolgreich gewesen wären, hätte die Welt Ihnen den Wert zugestanden, welchen sie selbst für sich in Anspruch nehmen. Solche Leute sind das Opfer ihrer Einbildung. Niemand in der Welt will wahre Fähigkeiten niederhalten. Jedermann streckt ihnen freudig die Hand entgegen. Jeder Arbeitgeber prüft die jungen Leute in seinem Wirkungskreise, er ist stets außerordentlich begierig, hervorragende Talente zu finden. Nichts in der Welt ist so wünschenswert für ihn und nichts so gewinnbringend wie Begabung. Jeder Abteilungsdirektor ist bereit, den Mann festzuhalten, welcher etwas besonders Wertvolles zu leisten vermag. Jeder Vormann hat den Wunsch, Leute unter sich zu haben, auf die er sich verlassen kann und von deren Leistungen auch er profitiert; denn den größten Beweis für seine Geschicklichkeit erbringt er nicht so sehr durch seine eignen Leistungen als durch die Leistungen derer, mit denen er sich zu umgeben versteht. Die Bücher in diesen Regalen werden Ihnen viele Geschichten erzählen von solchen, die sich aus dem Arbeiterstande emporgearbeitet haben. Nicht der Gebildete oder der sogenannte Gebildete oder der klassisch Gebildete, nicht der Adel und nicht die Fürsten sind es, welche die Geschichte der Welt bestimmt haben, weder im Feld noch im Rat, weder im Laboratorium noch in der Werkstatt. Die großen Erfindungen, die Verbesserungen in der Wissenschaft, die großen Werke der Literatur: sie alle sind das Werk solcher, die dem Stande der Armut entsprangen! Sie können kaum eine große Entdeckung, kaum den Namen eines großen Bildwerkes, kaum ein großes Lied oder eine große Erzählung noch irgend etwas andres Großes nennen, das nicht von Männern geschaffen wäre, die damit begannen, ihren Lebensunterhalt durch ehrliche Arbeit zu verdienen.

Und glauben Sie mir: Der Arbeiter, der von seinem Vorgesetzten nicht anerkannt wird, der Vorgesetzte, der von seinem Direktor und der Direktor, der von der Belegschaft seiner Firma nicht anerkannt wird, sie alle sollten die Ursache dafür nicht in der Firma, nicht im Direktor, nicht im Vorgesetzten, sondern – einzig und allein in sich selbst suchen. Sie sind einfach nicht imstande, das zu leisten, was so außerordentlich bewertet und so eifrig gesucht wird. Es gibt niemanden, der nicht zur höchsten Stellung emporsteigen, niemanden, der nicht infolge des Mangels oder falschen Gebrauchs von rechten Eigenschaften zur tiefsten Stufe herabsinken könnte. Angestellte haben jede Möglichkeit, zu einer höheren Tätigkeit zu gelangen; sie können Oberaufseher, Partner und sogar Verwaltungsräte in unsern Diensten werden, wenn sie die nötigen Eigenschaften besitzen. Auf keinen Fall dürfen sie glauben, sie seien entbehrlich, im Gegenteil; wir Arbeitgeber fürchten immer, die Fähigkeiten solcher Männer könnten uns verlorengehen. Es ist eine große Genugtuung für uns, daß die tägliche Arbeitszeit in ganz Amerika herabgesetzt wurde. Acht Stunden Arbeit, acht Stunden Muße und acht Stunden Schlaf erscheinen als die ideale Tageseinteilung. Ein gesetzlicher Zwang für alle Betriebe, welche Tag und Nacht arbeiten, wäre sehr wünschenswert. Sie wissen, daß wir einige hunderttausend Dollar geopfert haben, um das zu versuchen, und uns schließlich von unseren Konkurrenten gezwungen sahen[8], den Kampf aufzugeben. Das beste dürfte sein, diese Tagesteilung nach und nach durch staatliche Gesetzgebung zu erreichen. Eine einzelne Firma kann wenig dafür tun; alle Konkurrenten müssen zu gleicher Zeit dazu gezwungen werden, denn in unsern Tagen ist die Gewinnmarge so gering, daß eine Firma nur dann gewinnbringend arbeiten kann, wenn für sie in etwa dieselben Bedingungen gelten wie für die Konkurrenz. Daher ist es notwendig, daß alle gesetzlich gezwungen werden. Wir wären glücklich, solch ein Gesetz für die Achtstundenarbeit unterstützen zu dürfen; aber selbst jetzt können Arbeiter, wenn sie die ihnen verfügbare freie Zeit gut benutzen, bald zu höheren Stellungen aufsteigen. Nicht lange brauchen sie zwölf Stunden zu arbeiten; viele unter uns haben in ihrer Jugend länger als zwölf Stunden gearbeitet.

Der Arbeiter hat heutzutage verglichen mit früher viele Vorteile. Die gleitende Lohnskala[9] stellt ihn als Mann und Bürger höher als den Arbeiter vergangener Tage. Der Teil des Gewinnes aus Arbeit und Kapital, wel-

[8] Diese neue Arbeitszeitregelung konnte (wollte?) Carnegie unter dem Druck der Konkurrenz allerdings nicht durchhalten; nach dem Streik der Arbeiter der Werke in Homestead (1892) betrug die Arbeitszeit wieder 12 Stunden täglich an sieben Wochentagen (ein freier Sonntag jede zweite Woche). Dazu der Carnegie-Biograph Wall: »Carnegie stiftete Bibliothek um Bibliothek und wunderte sich, daß nur so wenige Erwachsene von seinen großartigen Geschenken Gebrauch machten.«

[9] 1894 wurde auch die gleitende Lohnskala aufgegeben. Von einer Preissteigerung um 40% für Stahl wurden nur 10% an die Arbeiter weitergegeben.

cher heute den Arbeitern zugute kommt, war niemals so groß und niemals so im Steigen begriffen wie heute, der aus dem Kapital gezogene Nutzen niemals so gering wie jetzt. Auch die Kosten für den Lebensunterhalt waren niemals geringer als zu unserer Zeit.

Ich hoffe, daß die Zukunft noch viele große Vorteile bringen wird und daß der mühsame Marsch, welchen der Arbeiter auf dem Wege von der Sklaverei, in die unsre Vorväter zugleich mit Bergwerken und Fabriken gekauft und verkauft wurden, hinauf zu seiner gegenwärtigen Stellung machte, noch keineswegs sein Ende erreicht hat; sondern daß dieser Marsch noch immer weiter fortgesetzt werde und zu anderen wichtigen Ergebnissen für das Wohlergehen und die Würde der Arbeit führen wird.

GESCHÄFT

»Geschäft« ist ein Wort, das viel umfaßt, und seine ursprüngliche Bedeutung deckt den ganzen Umkreis des menschlichen Tuns: Es ist das Geschäft des Predigers zu predigen, des Arztes zu heilen, des Dichters zu schreiben, des Universitätsprofessors zu lehren und des Studenten – so möchte man nach dem Maße der Aufmerksamkeit, welche er dieser Beschäftigung zuwendet, beinahe denken –, Fußball zu spielen.

Ich will nicht über »Geschäft« in diesem weiten Sinne sprechen, sondern mehr über »Geschäft« im Sinne des *Century Dictionary:* »Geschäftliche und industrielle Zwecke im allgemeinen genommen, Tätigkeit, welche Kenntnis von Buchführung und finanziellen Methoden erfordert, Tätigkeit des Geschäftsbetriebes oder irgendwelche anderen Transaktionen von Geld.«

Die Fortsetzung ist bemerkenswert und macht diese Anschauung von »Geschäft« noch deutlicher. Sie lautet: »Es kommt selten vor, daß studierte Leute den Ruf großer Geschäftskenntnisse erlangen.«

Doch wir müssen noch einen Schritt weiter gehen und »Geschäft«, wie ich es betrachten will, näher definieren. Sind der Präsident einer Eisenbahngesellschaft oder der Bankdirektor, die ein festes Gehalt empfangen, sind irgendwelche andere Beamte mit festem Gehalt Geschäftsmänner? Streng genommen: nein; denn ein Mann muß, um als Geschäftsmann zu gelten, mindestens ein Teilhaber des betreffenden Unternehmens sein, das er leitet und dem er seine Aufmerksamkeit widmet; seine Einnahmen dürfen nicht vom Gehalt, sondern müssen vom Gewinn des Geschäftes abhängig sein. Diese Anschauung schließt die gegen Gehalt angestellte Klasse einfach aus. All diese Leute sind keine wirklichen Geschäftsleute, aber viele unter ihnen waren es früher, und zwar mit großem Erfolge. Der wirkliche Geschäftsmann wirft sich mit voller Kraft und vollen Mitteln in das Meer des Geschäfts ohne den Schwimmgürtel eines Gehalts; er riskiert alles. Mit Gehältern – mögen sie auch noch so groß sein – kann man kein Vermögen erwerben. Der Geschäftsmann aber strebt nach Vermögen. Ist er weise, so tut er alle seine Eier in ein und denselben Korb und paßt gut auf ihn auf. Wenn er ein Kaffeekaufmann ist, widmet er sich ganz dem Kaffee, als Zuckerhändler ganz dem Zucker und läßt den Kaffee unberücksichtigt; nur wenn er seinen Kaffee trinkt, wird er Zucker hineinmischen. Gräbt und verkauft er Kohlen, dann habe er nur auf die schwarzen Diamanten acht; sobald er Schiffe besitzt und segeln läßt, dann widmet er sich ganz dem Schiffsverkehr. Er versichere seine eigenen Schiffe nicht weiter, sowie er Kapital genug besitzt und den Verlust eines Schiffes überstehen kann, ohne seine Zahlungsfähigkeit zu gefährden. Wenn er Stahl fabriziert, soll er beim Stahl bleiben und dem Kupfer fern. Gräbt er nach Eisenstein, möge er einzig und allein dabei bleiben und jede andere Art des Bergwerksbetriebes vermeiden, besonders Silber- und Goldbergwerke. Ich rate zu dieser Beschränkung, weil ein Mann nur in einem Geschäft vollkommen Meister sein kann; und selbst das vermag nur ein fähiger Mensch.

Ich habe niemals beobachtet, daß jemand auch nur zwei verschiedene Arten von Geschäften gleich gut verstanden hätte; solch ein Mann ist ebenso schwer zu finden wie jemand, der mit gleicher Vollkommenheit in zwei Sprachen denkt. Ich habe hier alle Arten von Studierenden vor mir. Ein Einblick in Ihre Herzen, meine jungen Freunde, würde mich verschiedene Arten von Ehrgeiz erkennen lassen. Einige erstreben eine ausgezeichnete Stellung in einem bestimmten Berufe; manche unter Ihnen wollen Juristen, andere Geistliche, andere wieder Lehrer, Ärzte, Baumeister, Elektriker und Ingenieure werden. Jeder hat wohl als Ideal einen Mann vor sich, der in dem betreffenden Berufe die höchste Stellung erlangt hat. Mit der Erreichung des Höchsten in seinem Lieblingsberufe wäre sein Ehrgeiz voll erfüllt, wenigstens glaubt er das jetzt. Mit diesen Klassen von Enthusiasten für einen bestimmten Beruf will ich mich nun hier nicht weiter befassen. Trotzdem bleiben die Eigenschaften für einen vollen Erfolg in den soeben genannten Berufen eigentlich ganz dieselben wie die, welche für eine erfolgreiche geschäftliche Laufbahn nötig sind. Deshalb findet auch das, was ich zu sagen habe, mehr oder weniger auf alle Anwendung.

Neben den bereits genannten Berufen ist der Beruf des Geschäftsmannes besonders der Betrachtung wert, des Mannes also, der sich dem wandelbaren Meere des geschäftlichen Lebens anvertraut und all seine Kräfte dem Gelderwerb widmet, damit er ein großes Vermögen gewinne und, wenn möglich, Millionär werde. Ich bin fest davon überzeugt, daß dieser Ihr erster und hauptsächlichster Gedanke ist. Das ist aber nicht alles, was Sie mit einer geschäftlichen Laufbahn erstreben; Sie alle fühlen, daß dabei die Gelegenheit geboten wird, große Fähigkeiten zu zeigen: Unternehmungsgeist, Tatkraft, Urteil und all die besten Eigenschaften der menschlichen Natur; ebenso darf ich annehmen, daß Ihrer Auffassung nach Geschäftsleute einen der Gesellschaft nützlichen Dienst erweisen.

Ich will nun versuchen, einiges Licht über den Weg zum geschäftlichen Erfolge zu verbreiten, und auf einige der gefährlichsten Klippen und Felsen in dem verräterischen Meere hinweisen, indem ich Ihnen zugleich einige Winke gebe, wie Sie Ihr Schiff zu lenken oder Ihr Boot zu rudern haben; ob beispielsweise schneller oder langsamer Ruderschlag Ihnen den Preis in dem langen Rennen zu sichern vermag.

Lassen Sie uns denn mit dem Anfang beginnen. Wird sich irgendein junger Geschäftsmann mit dem Gedanken zufriedengeben, sein ganzes Leben lang nur für festes Gehalt zu arbeiten? Ich bin sicher, nicht einer. Das ist die Linie, die den wirklichen Geschäftsmann vom Nichtgeschäftsmann trennt. Der eine ist sein eigener Herr und hängt in seinem Fortkommen von selbstgemachtem Gewinn ab. Der andere ein Diener, der einzig und allein von seinem Gehalt abhängt. Selbstverständlich haben Sie alle als bloße Angestellte zu beginnen; allein Sie sollten nicht alle auch dort enden.

Mit Ausnahme des außerordentlich Vorgebildeten werden alle andern Schwierigkeiten haben, nur schon den Anfang zu machen. Für diesen hingegen bestehen dergleichen Schwierigkeiten nicht; er hat die Aufmerksamkeit seiner Lehrer auf sich gezogen, und diese kennen viele Geschäftsleute. Er erhielt Preise, war der erste in seiner Klasse und hat ungewöhnliche Fähigkeiten sowie Eigenschaften des Charakters gezeigt, die im allgemeinen Wettbewerbe von allergrößtem Werte sind; er hat sich als Mann von großer Selbstachtung, von untadelhaften Gewohnheiten, gesundem Menschenverstand, richtiger Methode und unermüdlichem Fleiß gezeigt; seine Mußestunden wendet er zur Erweiterung seiner Kenntnisse an, zu einer Arbeit, die seine besondere Freude ist. Und noch etwas anderes, sehr Wichtiges kommt hinzu: Seine Geldverhältnisse sind jederzeit geordnet; gewissenhaft weiß er sich nach der Decke zu strecken, und auch hat er, was keineswegs vernachlässigt werden darf, gezeigt, daß er mit ganzer Seele in seiner Arbeit lebt. Zu allem dem fehlt es ihm an Reichtum, was in den meisten Fällen eine starke Gewähr für Fleiß und nützlichen Ehrgeiz bedeutet. Er wird deshalb gezwungen, sich selbst seinen Weg in die Welt zu bahnen. Auch ist er noch kein Millionär, sondern will erst einer werden. Er hat keinen reichen Vater oder, was beinahe noch besser, keine reiche Mutter, die ihn im Müßiggange unterstützen würde, sollte er sich als untüchtig erweisen; er besitzt keinen Schwimmgürtel und muß daher ganz aus eigenen Kräften entweder schwimmen oder untergehen. Ehe dieser junge Mann noch die Hochschule verläßt, ist er schon ein Auserwählter. Alle Türen tun sich ihm auf, bevor er angeklopft hat; der kluge Arbeitgeber wartet geradezu auf ihn. Nicht das schriftliche Zeugnis seines Professors, sondern ein oder zwei Worte, die jener mit dem Geschäftsinhaber wechselt, welcher immer nach dem außerordentlich fähigen und gebildeten jungen Mann auf der Lauer liegt, sichern ihm genau das, was ein junger Mann braucht: die Chance des Anfangs. Ein außerordentlich fähiger junger Mann ist die wertvollste Erwerbung eines Geschäftsmanns; kein anderes Geschäft zeigt sich für den Arbeitgeber so gewinnbringend wie dieses.

Der Durchschnittsstudent hingegen hat große Schwierigkeiten; doch schließlich findet auch er eine Stellung. Gerade die Laufbahn des besonders befähigten Studenten illustriert am besten den Weg zum Erfolg. Wir brauchen seinetwegen nicht besorgt zu sein; er macht seinen Weg. Er fängt mit einem sehr kleinen Gehalt und mit Arbeiten an, welche er vielleicht für unter seiner Würde hält, dennoch tut er alles, was er tut, gründlich.

Eines Tages lenkt eine von dem jungen Mann gemachte Bemerkung oder eine seiner Handlungen die besondere Aufmerksamkeit seiner unmittelbaren Vorgesetzten auf ihn. Angenommen, er sei ein Elektriker oder Ingenieur und komme von Sibley[1], einer nach jeder

[1] *Sibley College of Mechanical engineering,* eine vom Millionär Hiram Sibley unterstützte Technische Hochschule.

Richtung empfehlenswerten Schule. In den großen Fabrikwerken, welche so glücklich sind, sich seine Dienste zu sichern, wird er zunächst mit niedrigen Handhabungen beschäftigt; allein er entdeckt sehr bald, daß ein paar Dampfkessel nicht ganz heil und daß die Dampfmaschinen oder Motoren zu viel Energie verbrauchen, weil sie nach falschen Prinzipien konstruiert sind, oder daß eine der Dampfmaschinen über kurz oder lang allerlei Schwierigkeiten bereiten wird; er hat gewisse Gründe anzunehmen, daß der Maschinenbauer keine ehrliche Arbeit geliefert hat. Daher hält er es für seine Pflicht, sofort einzuschreiten, um das Geschäft von gefährlichen Zufällen zu bewahren. Er entwirft ein paar Zeichnungen, unterbreitet dieselben seinen Arbeitgebern mit Vorschlägen, wie die von ihm bemerkten Schäden abzustellen sind, und benutzt dabei die neuesten wissenschaftlichen Grundsätze, welche er in Sibley erlernte. Der Eigentümer des Geschäfts ist zunächst, was ja selbstverständlich ist, durchaus nicht geneigt, Geld auszugeben; ja er ärgert sich darüber, daß seine Maschinen ganz und gar nicht das sind, was sie sein sollen. Aber obwohl er seinem Mißbehagen offen Ausdruck gibt und den jungen Mann für einen Augenblick stutzig macht, fährt er ihn doch nicht hart an; sobald erst seine üble Laune vorübergeht, lernt er von ihm, wieviel er mit ein paar tausend Dollar, wenn er sie sofort richtig einsetzt, sparen wird. Zum Schluß stimmt er zu und sagt dem jungen Sibley-Studenten, er solle die Sache in die Hand nehmen und sie ganz seinen Vorschlägen gemäß in Ordnung bringen.

Jetzt ist das Glück dieses jungen Mannes schon so gut wie gemacht. Selbstverständlich bleibt ihm immer noch ein gutes Teil zu tun übrig. Der junge Mann hat Eifer und Geschicklichkeit bewiesen, er zeigte, daß er die erste unerläßliche Eigenschaft für jedes Geschäft: richtiges Urteil – und die zweite, nicht weniger wertvolle Eigenschaft besitzt: volle Hingabe an seine Arbeit, welche ihn jede andere Tätigkeit und jede Versuchung beiseite schieben läßt. Alle anderen Beschäftigungen, Studien und Vergnügungen ordnet er dem Geschäfte unter; das Geschäft ist ihm eben alles. Schnell verbessert sich darum sein Gehalt. Weiß sein Arbeitgeber seine Verdienste nicht genügend zu schätzen, so tut das nichts, der junge Mann findet sehr bald einen besseren. Im allgemeinen trifft dieser Fall nur selten zu: denn jeder intelligente Geschäftsmann fühlt sich glücklich, wenn er sich einen besonders tüchtigen jungen Mann zu sichern vermag. Immerhin ist Vertrauen eine nur langsam aufblühende Pflanze, und der Weg vom bloßen Mietling mit hohem Gehalt zum wirklichen Teilhaber des Geschäftes ist noch sehr weit. Folgen wir nun dem jungen Mann auf seinem Wege!

Bei verschiedenen Gelegenheiten muß der junge Mann dem Privathause seines Prinzipals einen Besuch abstatten. Er wird dort seinen Verdiensten gemäß aufgenommen, und sein Prinzipal beginnt jetzt, bei sich selbst zu überlegen, ob er ihn zu seinem Partner machen soll. Und dabei kommt ihm die Frage aller Fragen: Ist der junge Mann ehrlich und treu? Denn jeder ehrenhafte Geschäftsmann sucht in seinem Partner zunächst »der

Ehre Seele«, und selbst der, welcher den schmalen Pfad der Ehre verlassen hätte, um *ihm* zu dienen, würde sein Vertrauen verwirken. Ja, meine jungen Freunde: Es kommt wohl bisweilen vor, daß nicht nur junge, sondern auch alte Leute in der Übereilung heiraten, und das ist immer eine große Torheit; allein glücklicherweise wird Teilnehmerschaft am Geschäft nur sehr selten in Übereilung angeboten. Nicht eine oder zwei Eigenschaften allein sichern eine Teilnehmerschaft, sondern die ganze volle Persönlichkeit mit vielen wünschenswerten und ohne unangenehme Eigenschaften sowie mit hervorragenden Fähigkeiten nach einer oder zwei Richtungen hin.

Wir hören oft die Behauptung, es sei heutzutage für junge Leute unmöglich, Geschäftsherrn zu werden, weil das Geschäft gegenwärtig in so großem, ja ungeheurem Stile betrieben wird und das dazu nötige Kapital sich auf Millionen beläuft; der junge Kaufmann sei deshalb für immer an das Leben eines bloß Angestellten gefesselt. Zweifellos liegt darin etwas Wahres, soweit von den großen Gesellschaften die Rede ist, weil hier ein Anteil wirklich nur durch Kapital zu erhalten ist: Man kann für soundso viel Geld soundso viele Aktien kaufen. Da nun die jungen Leute, an welche ich meine Worte richte, wie ich hoffe, nicht ihr ganzes Leben lang nur Angestellte bleiben wollen, sondern entschlossen sind, früher oder später Geschäftsleute zu werden, so glaube ich, daß eine Anstellung bei großen Gesellschaften für sie weniger günstig ist als in einem Privatgeschäfte. Denn alles, was sie bei großen Gesellschaften erwarten können, ist ein hohes Gehalt. Sogar die Präsidenten dieser Gesellschaften sind im eigentlichen Sinne des Wortes keine Geschäftsleute, da sie für ein Gehalt arbeiten. Wie also könnte ein unter ihnen arbeitender junger Mann sein ganzes Leben lang etwas Höheres erreichen? Viele Geschäfte, die bis dahin Privateigentum gewesen, werden zu eine Aktiengesellschaften umgewandelt; die Aktien gelangen dann auf den Markt, und viele Nichtkaufleute, die, geschäftlich genommen, wahre Unschuldslämmer sind – unter ihnen auch spekulationssüchtige Frauen und, ich bedauere, dies sagen zu müssen, oftmals Geistliche und Künstler –, lassen sich zum Ankauf solcher Aktien verführen. …[2]

Es gibt aber viele Gesellschaften, welche im eigentlichen Sinne des Wortes keine Aktiengesellschaften sind, da das Geschäft tatsächlich Eigentum einiger weniger Teilhaber ist. Verglichen mit den Aktiengesellschaften, deren Teilhaber nach allen Richtungen hin zerstreut sind, zeigt sich eine sehr bemerkenswerte Verschiedenheit. Nehmen wir beispielsweise die großen Dampfschifffahrtsgesellschaften der Welt. Die meisten zahlen, wie bekannt, ihren Aktieninhabern überhaupt keine Dividende. Die Aktien einiger der größten Dampfschifffahrtsgesellschaften sind zeitweise für die Hälfte, ja für ein Drittel ihres ursprünglichen Preises käuflich. Diese Gesellschaften bilden Aktiengesellschaften im eigentlichen Sinne des Wortes. Wenn wir auf andere Dampfschifflinien blicken, die genau dieselben Meere befah-

[2] Zwei kurze Absätze gestrichen.

ren, jedoch von ihren wirklichen Eigentümern, unter denen sich gewöhnlich eine erste Kapazität befindet, geleitet werden, so stellen wir fest, daß diese letztgenannten Linien gewöhnlich große Dividenden abwerfen und außerdem Jahr für Jahr noch große Summen ihrem Reservefonds zuschreiben. Darin zeigt sich der Unterschied zwischen einem Geschäft, das von fachkundigen Eigentümern, und einer Aktiengesellschaft, die von Tausenden kleiner geschäftsunkundiger Eigentümer geleitet wird.

Derselbe Gegensatz läßt sich in jedem anderen Geschäftszweig feststellen, im kaufmännischen Geschäft, im Fabrikwesen, im Finanz- sowie im Verkehrswesen, zu Lande sowohl wie zu Wasser. Und für das Bankgeschäft gilt ganz dasselbe. Es gibt viele Banken, die das Eigentum nur weniger Geschäftsleute sind. Diese Banken erobern sich sehr bald eine führende Stellung; ihre Anteilscheine werden mit den höchsten Prämien gehandelt, besonders wenn der Präsident der Bank der größte Eigentümer ist, wie das bei den erfolgreichsten Banken auch tatsächlich zutrifft. Bei solchen Gesellschaften steht für den kommenden Geschäftsmann immer die Türe zur Teilhaberschaft offen, da die Eigentümer derartiger Geschäfte ihre Angelegenheiten selbst besorgen und deshalb beständig auf der Suche nach fähigen Leuten sind.

Sei nicht gar zu wählerisch, nimm, was die Götter dir bieten! Fange, wenn nötig, bei einer Gesellschaft an; doch halte stets deine Augen für jede Möglichkeit offen, in einem Geschäft als Miteigentümer oder als Teilnehmer einzutreten. Vergiß nie: Jedes Geschäft kann Gewinn bringen, wenn es dringende Bedürfnisse der Allgemeinheit befriedigt. Es füllt eine notwendige Stelle aus, möge es nun selbst fabrizieren oder bestimmte Artikel kaufmännisch sammeln und wieder verteilen oder sei es eine Bank, die dazu bestimmt ist, angelegte Kapitalien zu verwalten.

Es gibt kein Geschäft, in welchem ein Erfolg unmöglich wäre. Immer aber werden an der höchsten Spitze des Geschäftes nur wenige stehen; die Zahl derer, die dem Boden nahe sind, wird immer um vieles größer sein. Wenn Sie der Spitze nicht nahe kommen, dann liegt das nicht etwa an den Sternen, sondern an Ihnen selbst. Diejenigen, die erfolglos bleiben, sagen manchmal, daß dieser oder jener große Vorteile hatte, daß die Schicksalsgöttinnen ihm wohlwollten oder ihm die Verhältnisse besonders günstig waren – das alles ist kaum mehr als wertloses Gerede.

Der eine landet mitten in dem Strom, den er zu überspringen versucht, und wird vom Wasser weiter fortgetrieben, der andere versucht dasselbe und landet wirklich auf dem gegenüberliegenden Ufer. Untersuchen Sie die beiden; Sie werden feststellen, daß dem ersten das richtige Urteil mangelte. Er hatte seine Mittel nicht richtig abgeschätzt, hatte vorher nicht genügend trainiert und handelte also wie ein Narr, daher konnte er nicht genügend springen. Immerhin versuchte er es. Er gleicht der jungen Dame, die, als sie gefragt wurde, ob sie Violine spielen könne, antwortete, sie wisse es nicht, da sie es niemals versucht habe. Dagegen hatte sich der andere, der den Fluß übersprang, sorgfältig vorbereitet; er wußte, wie weit er ungefähr springen könne, außerdem wußte er ganz genau, daß er zum mindesten bis zu dem Punkte springen konnte, von welchem aus er ans Land zu waten vermochte, um noch einen zweiten Versuch zu machen. Er zeigte also gesundes Urteil.

Ansehen gilt viel, meine jungen Freunde. Einem jungen Mann, der im Rufe steht, das durchzuführen, was er sich vorgenommen hat, werden mit jedem Jahre ein weiteres Tätigkeitsfeld und größere Aufgaben anvertraut. Dagegen ist derjenige, welcher einmal erfolglos gewesen und dann zum zweiten Male seine Freunde um Beistand bittet, unter allen Verhältnissen in einer recht unangenehmen Lage.

Jede gute Münze hat ihr Gegenstück; das Gegenstück ehrlichen Geschäftes heißt Spekulation. Der Geschäftsmann zahlt für sein Einkommen stets mit guten Werten; er nützt daher der Allgemeinheit. Seine Dienste sind notwendig; dazu ist er stets bemüht, die Hilfsquellen seines Landes zu entwickeln, und trägt so auch zum Fortschritte der Menschheit bei. Das ist echte Münze. Spekulation dagegen ist nichts anderes als ein Parasit, welcher sich an die Arbeit des Geschäftsmannes anklammert. Spekulation schafft weder etwas Neues, noch erfüllt sie bestehende Bedürfnisse. Wenn der Spekulant Gewinn einheimst, nimmt er Geld ein, ohne Gegendienste dafür zu leisten; wenn er verliert, verliert er sein Geld an einen anderen Spekulanten. Das Ganze ist ein Spiel, das beide erniedrigt. Man kann niemals ein ehrlicher Geschäftsmann und zu gleicher Zeit ein Spekulant

sein. Wege und Ziele des einen schaden dem andern. Kein
Geschäftsmann darf, wenn er ehrlich bleiben will, spekulieren, denn die, deren Vertrauen er genießt, sind berechtigt, von ihm zu verlangen, daß er sich ganz strikt an die Methoden des ehrlichen Geschäfts hält. Seine Gläubiger gehen wohl das übliche mit jedem Geschäft verbundene, aber nicht das von jeder Spekulation untrennbare Risiko ein. Die echte und die falsche Prägung des Geschäftes haben durchaus nichts miteinander gemeinsam.

Daß 95 Prozent aller derjenigen, die auf eigene Hand Geschäfte machen, fehlgehen, scheint unglaublich, und doch ist es so, wenn man der Statistik glauben darf. Obgleich nun behauptet wird, daß man mit Zahlen alles Mögliche beweisen kann, so ist doch tatsächlich die Zahl der Schiffbrüchigen verhältnismäßig sehr groß. Denken Sie nicht, ich wolle Sie davon abbringen, Ihr eigener Herr zu werden; ich bin weit davon entfernt. Auch läßt sich der werdende Geschäftsmann durch nichts und durch niemanden in der weiten Welt von seinem Ziele abbringen. Er gleicht dem echten Ritter, der mit Fitzjames sagt:

If the path be dangerous known,
The danger self is lure alone.
»Mag sein, der Pfad ist voll Gefahren,
Grad darin liegt der Reiz, Gefahr zu wagen.«

Der junge Mann, der entschlossen ist, Geschäftsmann zu

werden, läßt sich seinen Weg weder versperren, noch läßt er sich auf andere Pfade lenken; er fängt sein Geschäft mit der festen Absicht an, einen Versuch zu machen; er will versuchen, sich seine Suppe selbst zu kochen, sollte er sich auch etwas Unangenehmes dabei einbrocken. Er will sich versuchen und abwarten, was dabei herauskommt. Um sein Leben lang bezahlter Angestellter zu sein, hat man noch immer Zeit genug, nachdem man eine geschäftliche Tätigkeit auf eigene Hand versucht und sich darüber Gewißheit verschafft hat, ob man zu den Bevorzugten gehört, welche all die dazu notwendigen Eigenschaften besitzen.

Ich darf mir, ohne einer allzu großen Abschweifung beschuldigt zu werden, vielleicht noch einige Bemerkungen über den Einfluß der geschäftlichen bzw. anderer Laufbahnen auf den menschlichen Charakter erlauben.

Da muß ich denn zuallererst erklären, daß meiner Erfahrung gemäß die Künstlerlaufbahn engherzig macht und so viel kleinliche Eifersüchteleien, so viel maßlose Eitelkeit und so vielerlei Gehässigkeit mit sich bringt, daß sie den größten Gegensatz zu den Eigenschaften darstellt, die ich bei Männern des praktischen Lebens gefunden habe. Man sollte meinen, daß die Tonkunst, die Malerei und die Kunst des Bildhauers auf diejenigen, deren täglicher Beruf sie sind, den wohltätigsten Einfluß ausüben. Die Erfahrung zeigt jedoch das Gegenteil. Vielleicht liegt es daran, daß jedes künstlerische Werk im hohen Grade persönlich ist und so unmittelbar und voll sichtbar vor die Öffentlichkeit gebracht wird, daß es zu kleinlicher Leidenschaft anreizt. Wie dem auch immer sei, wird es sich doch nicht bestreiten lassen, daß der Geist des Künstlers eng begrenzt und voller Vorurteile ist. Wohlgemerkt: Ich spreche hier nur von ganzen Berufsklassen und der durchschnittlichen Wirkung des Berufes. Ausnahmen gibt es selbstverständlich überall; doch lassen diese Ausnahmen die Regel nur noch schlimmer erscheinen.

Die gelehrten Berufe neigen zum Spezialistentum; bei den Beamten tritt Engherzigkeit heute nicht mehr so besonders hervor. Hohe Beamte und Minister ziehen jetzt einen weiteren Kreis von Gegenständen in Betracht; sie haben jetzt weniger bloße Glaubenssätze und Formalitäten und dafür mehr die tatsächlichen Übel und Mißstände menschlicher Existenz im Auge. Dergleichen erweitert notwendigerweise den Gesichtskreis. Man behauptet, daß die juristische Laufbahn zwar klare, aber beschränkte Geister erzieht, und weist darauf hin, daß große Rechtsgelehrte selten eine herrschende Stellung und Macht über ihre Mitbürger erlangen. Damit soll jedoch keineswegs gesagt sein, daß Leute, welche die Rechte studieren, als Gesetzgeber oder Staatsmänner oder auch als Staatsleiter ihren Anforderungen nicht gewachsen seien. In diesem Falle wäre unser Amerika wahrlich übel daran, da wir geradezu von Juristen regiert werden. Trotzdem waren die berühmtesten Amerikaner keine großen Rechtsgelehrten; das will sagen, sie haben nur sehr selten in ihrem eigenen Berufe eine große Stellung gewonnen, dagegen zeigten sie als Staatsmänner, welch unschätzbaren Vorteil ihnen das Studium der

Gesetze eingebracht hatte; sie sind eben weit über die Grenzen ihres eigentlichen Berufes hinausgewachsen. Der Jurist folgt Präzedenzfällen, der Herrscher dagegen schafft Präzedenzfälle.

Aus all dem erhellt, daß die bis jetzt erwähnten Berufsarten den Geist zwar schärfen, zugleich aber auch beschränken. Dagegen führt den Geschäftsmann sein Beruf dazu, sich mit einer stets wechselnden Verschiedenheit von Fragen zu befassen. Er muß ein umfassendes Urteil besitzen, das sich auf Kenntnis mannigfaltiger Gegenstände gründet. Für den Geschäftsmann und den Großkaufmann reicht es heutzutage nicht mehr aus, sein eigenes Land sowie dessen physikalische Bedingungen, Hilfsquellen, Statistik, Ernten, Wasserwege und Finanzlage gut zu kennen; er muß alles kennen, was nicht nur die Gegenwart bestimmt, sondern ihm auch Anhaltspunkte liefert, um bis zu einem bestimmten Grade die Zukunft voraussagen zu können. Der Kaufmann, welcher seine Tätigkeit auf verschiedene Länder ausdehnt, muß notwendigerweise auch diese Länder und das Wichtigste über ihren Zustand kennen. Seine Anschauung muß weltweit sein. Denn nichts geschieht in der ganzen Welt, was auf sein eigenes Handeln ohne Einfluß wäre! – Politische Verwicklungen in Konstantinopel; die Erscheinung der Cholera im Orient; das Auftreten der Coloradokäfer oder der Fall eines Ministeriums; Kriegsgefahr; die Wahrscheinlichkeit eines Schiedsgerichtes, welches zu einer neuen Niederlassung zwingt: Nichts gibt es auf der weiten Welt, was er nicht in Erwägung zu ziehen hätte. Er bedarf einer der seltensten Eigenschaften: wahrer Menschenkenntnis, da er Tausende von Leuten beschäftigt und dabei aus den verschiedenen Charakteren das Beste ans Licht bringen muß; er muß Organisationstalent – eine andere seltene Eigenschaft – haben und die Geschicklichkeit, Geplantes zu verwirklichen. Schließlich muß er imstande sein, kluge und schnelle Entscheidungen zu treffen.

Für die begrenzteren Berufe sind diese seltenen Eigenschaften nicht von derselben großen Wichtigkeit. Nur der Geschäftsmann verfolgt eine Laufbahn, die sich nicht nur dazu eignet, seine Einsicht zu schärfen, sondern auch seine Kräfte zu erhöhen. Sein Beruf unterscheidet sich auch dadurch von allen anderen Berufen, daß er den Geschäftsmann nicht auf ein umgrenztes Gebiet beschränkt und den Geist in entsprechend engen Grenzen hält. Er führt vielmehr einen Mann dahin, sein Urteil auf große und umfassende Anschauungen zu gründen. Kein anderer Lebensberuf umfaßt so viele Probleme, kein anderer fordert eine so weite Anschauung der Dinge. Ich glaube deshalb, man darf ruhig behaupten, daß die geschäftliche Laufbahn die geistigen Kräfte erweitern und erhöhen muß.

Andrerseits erscheinen andere Berufsarten insofern um ein Unermeßliches edler, als ihr Hauptzweck nicht in Geldsachen besteht; sie bleiben daher von der schlimmsten, mit jeder geschäftlichen Laufbahn verbundenen Gefahr frei; denn die Laufbahn des Kaufmanns ist, wenn im unrechten Geiste unternommen, die schmutzigste von allen Berufsarten. Zweifellos ist Geldmachen das erste, was junge Leute, die sich dem Kaufmannsstande widmen, im Auge haben. Doch, obgleich zunächst der wichtigste, darf es doch nicht der letzte Zweck des Geschäftsmannes sein.

Der Geschäftsmann kann durch Entwicklung der Hilfsquellen seines Landes, durch Beschaffung von Arbeit für Tausende und durch Unterstützung von Erfindungen, die für die Menschheit eine Wohltat sind, der Welt von allergrößtem Nutzen werden. Der erfolgreiche Geschäftsmann erhebt sich gar bald über den Standpunkt des bloßen Geldverdienens. Er findet vielmehr seinen größten Stolz in der Ausdehnung seiner internationalen geschäftlichen Beziehungen und in seinen Schiffen, die jedes Meer befahren. Der Fabrikant findet in seinen Angestellten, in seinen Werken, in seinen Maschinen und deren Verbesserungen sowie in der Vervollkommnung seiner Werkstätten und seiner Methoden sein Hauptinteresse und seine hauptsächlichste Belohnung. Und der Gewinn, den er einheimst, ist ihm nicht nur als Geldgewinn, sondern fast mehr noch als Zeichen seines geschäftlichen Erfolges willkommen. Neben der rein prosaischen hat jedes Geschäft auch seine romantische Seite. Der junge Mann, der bei einer Finanzfirma beginnt und mit hunderterlei verschiedenartiger Anlagen von Kapital zu tun hat, mit Eisenbahnsicherheiten, mit Vorschüssen an Kaufleute und Fabrikanten, welche die letzteren in den Stand setzen, ihre Wunder zu wirken, findet sehr bald, daß sich auch im Geschäft Romantik und unbegrenzter Raum für seine Phantasie findet. Er ist in der Lage, einen in seiner Art weltweiten Kredit zu gewähren. Ein einfacher Brief von ihm wird einen Reisenden zu dem fernsten Teil der Erde bringen. Ja er kann sogar, während einer Krisis, seinem Lande große Dienste leisten, wie beispielsweise Richard Morris, der große Kaufmann in Philadelphia, oder wie unsere großen Bankiers der Gegenwart, die unserer Regierung in Zeiten der Krisis erhebliche Goldvorschüsse machten und dadurch Unglück verhüteten.

Wenn ein junger Mann im Geschäft keine Romantik findet, dann liegt die Schuld nicht am Geschäft, sondern an ihm. Vergegenwärtigen Sie sich nur die Wunder und Mysterien, die mit der neueren Entwicklung der unkörperlichsten aller physikalischen Kräfte, der Elektrizität, einer bis jetzt kaum gekannten und vielleicht noch weniger begriffenen Naturgewalt, verbunden sind. Der junge Mann, der bei einer Beschäftigung mit Elektrizität nicht vom rein materiellen Geschäft in die Sphäre des Geheimnisvollen erhoben wird, muß doch wahrhaftig stumpf und durch und durch prosaisch veranlagt sein. Geschäft ist nicht nur bloße Kasse; die Dollars sind nur die Schalen, der Kern der Sache aber liegt tiefer: Jeden Geschäftsmann bringt die Entwicklung seiner Fähigkeiten Genuß. Solange Militarismus und barbarische Gewalt die Welt regierten, war die Verachtung für alles, was Geschäftsmann hieß, allgemein. Doch wie ganz und gar hat sich das alles heutzutage geändert! Allerdings darf man nicht vergessen, daß diese Verachtung verhältnismäßig neueren Datums ist, denn wenn wir in der Geschichte weiter rückwärts blicken, finden wir, daß die alten Familien auf nichts so stolz waren wie auf die Rolle, welche sie in der Geschäftswelt spielten. Einer der einflußreichsten Staatsmänner in England ist der Herzog von Devonshire, da er das Vertrauen der beiden großen politischen Parteien Englands besitzt. Er ist Präsident der Barrow-Stahl-Aktiengesellschaft. Die Mitglieder des gegenwärtigen Ministeriums in England haben 64 Direktorenstellen in verschiedenen Handels-, Fabrik- und Bergwerksgesellschaften inne. In dem heutigen Großbritannien fragt man sich nicht, wie man dem Geschäft aus dem Wege gehen, sondern wie man in dasselbe hineinkommen könne. Félix Faure[3], der Präsident der Französischen Republik, ein Mann mit einer bewundernswürdigen Laufbahn, war sein ganzes Leben lang Geschäftsmann. Die frühere Abneigung gegen das Geschäft ist vollkommen verschwunden.

Sie werden sich vielleicht entsinnen, daß der verstorbene Kaiser von Deutschland (Friedrich III.) seinen Freund, den Stahlfabrikanten Krupp, zum Fürsten des Reiches zu machen wünschte; doch dieser Geschäftsmann war auf seine Werke zu stolz; er war eben der Sohn seines Vaters und bat den Kaiser, ihn des Ranges nicht zu berauben, welchen er, ein König im Stahlbereich, innehatte. Ich zweifle nicht, daß sein Sohn, der ihm in der Herrschaft gefolgt, dieselbe Antwort geben würde. Gegenwärtig ist er ein Monarch geradeso wie der Kaiser und, soviel ich über den jungen König Krupp weiß, geradeso stolz auf seine Stellung.[4]

[3] Félix Faure (1841–1899), sechster Präsident der Französischen Republik (1895–1899), war von Beruf Reeder.

[4] »Diese Darstellung ist nur teilweise zutreffend. Zunächst wollte Kaiser Friedrich Krupp nicht zum ›Fürsten‹ machen, sondern er trug dem alten Krupp die Nobilitierung an. Sein unlängst verstorbener Sohn hatte,

Sogar in den alten Festen Europas ist das Vorurteil gegen den Kaufmann verschwunden. Dieser Wandel entstand dadurch, daß das Wesen des Geschäftes selbst sich verändert hat. In alten Zeiten wurde jedes Geschäft im kleinen Maßstabe betrieben, kleinliches Handeln in kleinlichen Dingen bringt aber auch kleinliche Menschen hervor. Da jeder für sich selbst fabrizierte und handelte, mußte sich eben jeder um jede Kleinigkeit kümmern. Die höheren Fähigkeiten für Organisationen und Unternehmungen sowie weite und große Anschauungen und ausführende Geschicklichkeit fanden damals keinerlei Verwendung. Heutzutage werden die Geschäfte aller Branchen in so gigantischem Maßstabe betrieben, daß die Besitzer großer Betriebe über ganze Reiche herrschen. Der große Arbeitgeber hat oft in seinem industriellen Heere mehr Leute, als die kleinen germanischen Könige unter ihrem Banner versammelten.

Früher hielt man es für ausgemacht, daß zwei Geschäftsleute niemals übereinstimmen könnten; heute dagegen besteht zwischen den Angehörigen desselben Geschäftszweiges die wärmste Freundschaft in jedem Bereiche menschlicher Tätigkeit; sie besuchen sich gegenseitig in ihren Werkstätten und Warenhäusern; sie zeigen einander ihre verschiedenartigen Methoden, ihre Verbesserungen, ihre neuen Erfindungen und wenden sie offen jeder in seiner Werkstatt an.

Die Dinge haben heutzutage einen viel zu großen

wie allgemein bekannt, entgegen der von Carnegie ausgesprochenen Erwartung den Adel angenommen.« (Anmerkung der deutschen Ausgabe von 1904)

Maßstab angenommen, als daß sie kleinliche Eifersüchteleien erlauben würden. Mit dem Wunsch, Gewinn zu machen, verbindet sich jetzt das Verlangen nach Fortschritt, Erfindungen, Verbesserung der Methoden, wissenschaftlichem Fortschritt; man ist stolz auf jeden wichtigen Erfolg in diesen Dingen. Deshalb ist die Dividende, welche der Geschäftsmann heutzutage erhält, nicht allein eine Dividende in Dollars. Zugleich mit dem Dollar erhält er noch eine Dividende höherer Art in Gestalt der Genugtuung, die er empfindet, das Geschäft, welchem er sein Leben gewidmet, weiterentwickelt zu haben!

Ich darf Ihnen mit gutem Gewissen die kaufmännische als Laufbahn vorstellen, in der es genug Raum hat für die Entfaltung höchsten menschlichen Könnens und aller in der Menschennatur liegenden guten Eigenschaften. Nach meiner Überzeugung ist die Lebensaufgabe eines großen Kaufmanns, eines Bankiers oder eines Führers auf industriellem Gebiete sogar besonders geeignet zur Entfaltung geistiger Kräfte und eines gereiften Urteils über eine große Zahl bedeutender Dinge sowie zur Befreiung von Vorurteilen und zur Aufrechterhaltung freier Anschauungen. Ebenso weiß ich, daß dauernder Erfolg nur durch offenes und ehrenhaftes Handeln in Verbindung mit tadellosen Lebensgewohnheiten, mit gesundem Menschenverstand und seltener Urteilskraft über alle menschlichen Lebensbeziehungen zu erreichen ist; denn der Geschäftsmann, der sich im Sprechen und Handeln als unzuverlässig erweist oder gar unehrlicher Kniffe verdächtigt wird, verliert sehr bald Kredit und Vertrauen. In anderen Berufen mag selbst für einen Narren mitunter Raum sein – ich meine damit für jemanden, der außerhalb seiner Berufsklassen närrisch wie ein Kind ist und doch in seinem Berufe selbst erfolgreich –, niemals aber kann ein Geschäftsmann, der ein Narr ist, Erfolg haben. Ohne gesundes, allumfassendes Urteil muß ein solcher Geschäftsmann schließlich Schiffbruch leiden.

Die geschäftliche Laufbahn ist eine strenge Schule aller Tugenden; dazu kommt, daß sie als höchsten Lohn etwas verspricht, was keine andere Laufbahn kennt: Ich meine die edlen Wohltaten, die sie ermöglicht. Unsere Universitäten, höheren Schulen, Büchereien und Erziehungsanstalten verdanken wir gewissen Geschäftsleuten, etwa den Girards[5], Lehighs[6], Chicagos, Harvards[7], Yales[8], Cornells[9] und vielen anderen.

[5] Stephen Girard (1750–1831), amerikanischer Kaufmann, Finanzmann und Philanthrop, Gründer des *Girard College* in Philadelphia.

[6] *Lehigh University* in Bethlehem, Pennsylvania, 1865 gegründet mit einem Beitrag und auf Initiative von Asa Packer, der sein Vermögen mit der Förderung von Kohle gemacht hatte.

[7] Die *Harvard University* ist die älteste Universität der Vereinigten Staaten (gegründet 1636). Sie hat ihren Namen von John Harvard (1607–38), der ihr 780 £ (sein halbes Grundstück) und seine Bibliothek (etwa 400 Bücher) vermachte.

[8] Die drittälteste Universität der Vereinigten Staaten (gegründet 1701) in New Haven, Connecticut. Sie hat ihren Namen von Elihu Yale, ehemaligem Gouverneur in Madras (Indien). Weil aber Yales Witwe die Ungültigkeit des Testamentes durchsetzen konnte, erbte die Universität schließlich nichts.

[9] *Cornell University* in Ithaca N.Y., 1865 von Ezra Cornell und Andrew Dickson White gegründet. Ezra Cornell (1807–1874), amerikanischer Kapitalist und Philanthrop. Als Geschäftspartner von S.F.B. Morse überwachte er den Bau der ersten Telegraphenlinie in Amerika. Einer der

Womit kann ein Mensch Gutes wirken und seinen Namen für lange Zeit vor der Vergessenheit retten? Indem er vielen Menschen die Möglichkeit einer guten Ausbildung bietet! Das ist eine Aufgabe für Männer, die ihren Überreichtum als ein ihnen anvertrautes heiliges Pfand betrachten, das sie noch während ihres Lebens zum Segen ihrer Mitmenschen verwenden wollen. Wir können deshalb, auch wenn einige Geschäftsleute durchaus den Vorwurf der Geldgier verdienen, zur Rechtfertigung des Berufes dasselbe vorbringen, was der ehrliche Thomas Cromwell[10] zur Verteidigung des großen Kardinals (Wolsey[11]) sagte: »Wenn sie auch geldgierig sind, so sind sie doch auch wahrhaft fürstlich im Geben; die von ihnen geschaffenen Sitze der Gelehrsamkeit legen Zeugnis dafür ab.«

aktivsten Pioniere der Telegraphie; als einer der Gründer und größten Aktionäre der *Western Union Telegraph Company* machte er ein Vermögen.

[10] Thomas Cromwell (1485–1540), Schatzkanzler Heinrichs VIII. Er führte die Enteignung der Klöster durch, fiel später in Ungnade und wurde hingerichtet.

[11] Kardinal Thomas Wolsey (1472–1530), Lordkanzler und Ratgeber Heinrichs VIII. Weil es ihm nicht gelang, Heinrichs Ehe mit Katharina von Aragón in Rom für ungültig erklären zu lassen, wurde er abgesetzt und gefangengenommen. Er starb auf der Reise zum Prozeß nach London.

DAS PROBLEM DES REICHTUMS

Reichtum ist einer der wichtigsten Förderer der Kultur und von einer gewissen Zeit an sogar ihr Fundament. Mit Recht nannte ihn Gladstone[1] die Triebfeder der Welt, denn ohne Reichtum ist eine Zivilisation undenkbar, ohne ihn muß notwendigerweise alles in Unkultur und Barbarei verbleiben. Auf seiner ersten Entwicklungsstufe, als der Mensch noch von der Hand in den Mund lebte, vermochte er nichts Dauerndes zu schaffen, weil er sich auf keine aufgespeicherten Kapitalien stützen konnte. Wie der Mensch den Zustand der Wildheit vorfand, so gab er ihn der nächsten Generation weiter. Auf der zweiten Entwicklungsstufe beginnen sich schon merkwürdige Züge von Individualismus zu zeigen: Der eine konnte bessere Schwerter schmieden und wirksamere Pfeile schnitzen als der andre, welcher aber mehr Fische als Beute heimbrachte; ein andrer erlegte mehr Wild als die übrigen. So fand man schließlich, daß es mehr einbrachte, sich ausschließlich auf das zu verlegen, wozu einer besonderes Geschick zeigte. Die Spezialisierung, die Wurzel des Individualismus, hatte ihren Anfang ge-

[1] William Ewart Gladstone (1809–1898), britischer liberaler Staatsmann, stand viermal an der Spitze der Regierung. Carnegie korrespondierte mit ihm.

nommen. Die notwendige Folge davon war Austausch der Erzeugnisse. Doch auch der Tauschhandel hatte seine Zeit, und gewisse Artikel wie Wampungürtel[2], Perlen, Häute, Muscheln wurden »Geld«, und Ersparnisse und Überschüsse wurden in dieser Form gespeichert.

Allmählich setzte sich die Heilsbotschaft durch: »Wie die Arbeit, so der Lohn.« Aus Gemeineigentum wurde Privateigentum; erst damals wurden mit Hilfe der zurückgelegten »Kapitalien« feste Wohnungen gebaut und damit der Grund zur heutigen Zivilisation gelegt. So ging es fort bis auf unsre Zeit. Nicht eine Elle oder Tonne Produkt kann erzeugt, weder Schiffe noch Eisenbahnen, weder Wohnhäuser noch Schulen oder Kirchen können gebaut werden ohne die Kapitalmengen, die wir Reichtum nennen. Zu Anfang war Kapital, was man sich mit seinen zehn Fingern erspart hatte, bald aber floß einzelnen der Reichtum in immer größeren Mengen aus andern Quellen wie der Wertsteigerung von Grund und Boden, der Förderung von Mineralien usw. zu. Deshalb kann man heute nicht mehr sagen, daß Reichtum nur der Lohn für Arbeit ist – auch wenn er den ersten Grund gelegt hat; die größten Reichtumsmengen entstammen heutzutage zumeist dem steigenden Wert von Grund und Boden allein durch die Zunahme der Bevölkerung, wobei wenig oder gar nichts gearbeitet wurde.

[2] Auf Schnüre aufgereihte Muschelperlen, die zu Gürteln oder Ketten verarbeitet wurden. Zur Geschichte des Geldes siehe Jack Weatherford, *Eine kurze Geschichte des Geldes und der Währungen*, sowie Stephen Zarlenga, *Der Mythos vom Geld – die Geschichte der Macht,* beide im Conzett Verlag, Zürich, erschienen.

Die Rechte des Privatbesitzes haben sich also nur sehr langsam entwickelt, der individuelle Besitz ist also nichts Ursprüngliches, er wurde von der Allgemeinheit nur gestützt, weil er den Fortschritt schuf. Der Kommunismus kam in Mißkredit, weil er den Fortschritt hemmte. Wenn wir uns des Gemeinbesitzes der großen Vermögen wieder mehr bewußt werden, brauchen wir nicht gleich zu fürchten, daß die Kultur damit einen Rückschritt machen und die Menschheit sich in einem Kreise bewegen wird: das Gesetz der Entwicklung wird schon den rechten Weg nach aufwärts finden.

Der große Nationalökonom Adam Smith[3] hat nicht recht, wenn er sagt: »Der Reichtum einer Nation ist das Produkt ihrer Arbeit« und weiter als Konsequenz dieses Irrtums: »Arbeit ist der Wertmesser für Waren.« Karl Marx[4] hat diese irrigen Lehren aufgegriffen und ganz folgerichtig weitergeschlossen, daß Kapitalzuwachs nur Anhäufung von unbezahlten Arbeitswerten sei. Zur Entschuldigung von Smiths Irrtum mag daran erinnert werden, daß zu seiner Zeit die heutige gigantische Produktion in Riesenunternehmungen noch nicht eingesetzt hatte, man arbeitete im großen und ganzen in seiner eigenen Werkstatt, und die Ansammlung von Reichtum

[3] Adam Smith (1723–1790), britischer Philosoph und Volkswirtschaftler. Mit seinem Hauptwerk *Untersuchung über die Natur und die Ursachen des Nationalreichtums* (1776, deutsche Ausgabe 1794/96) begründete er die klassische Nationalökonomie. Betonte die Arbeit als Quelle des Wohlstands.

[4] Karl Marx (1818–1883), deutscher Philosoph und Nationalökonom. Schrieb zusammen mit Friedrich Engels 1848 das *Kommunistische Manifest*. Sein Hauptwerk ist *Das Kapital* (3 Bände ab 1867).

ging nur langsam vor sich. Heute ist alles ganz anders geworden, und auch die marxistischen Lehren werden von den heutigen sozialistischen Führern gro-ßenteils aufgegeben. »Seine Werttheorie läßt sich kaum mehr halten«, sagt Sydney Webb[5]. Zwar hat die große Masse der sozialistischen Arbeiter diese Höhe der Erkenntnis noch nicht erreicht, doch der Irrtum hat eine Wunde erhalten und wird vor den Augen seiner Verehrer sterben.

Die größten Reichtumsmengen kommen, wie ich bereits gesagt habe, von der Wertsteigerung des Grund und Bodens her. Im Jahre 1870 wurde der Wert der City von London auf 2 266 842 Pfund geschätzt, heute auf 5 451 820 Pfund, die entsprechenden Zahlen für ganz London sind 18 719 237 und 44 351 000 Pfund. Der Wert der Stadt New York ist von 4 751 532 826 Dollar im Jahre 1903 auf 6 240 480 602 im Jahre 1907 gestiegen. Der Wert des Grund und Bodens der Vereinigten Staaten ist von 39 544 544 333 Dollar im Jahre 1890 in zehn Jahren auf 52 537 628 164 gestiegen. Reichtum ist also hauptsächlich auf das Konto der Bevölkerungsvermehrung und nicht auf das der Arbeit zu schreiben, denn wertschaffende Arbeit ist dabei herzlich wenig geleistet worden. Die für die Bestellung des Ackers aufgewendete Arbeit wurde durch die Ernte belohnt, den Wert des Ackers aber erhöhte sie nicht.

Daß der Satz, Wert sei das Produkt der Arbeit, unhaltbar ist, geht auch aus folgendem Beispiel hervor: Ein

[5] Sidney James Webb (1. Baron Passfield, 1859–1947) und seine Gemahlin Beatrice (1858–1943). Englische Sozialreformer mit großem Einfluß.

Bildhauer arbeitet ein Jahr lang an einer Statue und erhält tausend Pfund für sie; ein anderer Bildhauer arbeitet vielleicht doppelt so lange und doppelt so fleißig, und doch repräsentiert sein Werk fast gar keinen Wert. »Gearbeitet« haben beide, aber die Käufer wollten nur das eine Kunstwerk haben, das andre nicht. Die Wünsche und die Bedürfnisse des Käufers, nicht die geleistete Arbeit bestimmen also den Wert. So ist es mit jeder Arbeit, deren Verwertung von der Nachfrage abhängig ist, d.h., die ein Käufer abnehmen soll. Nur dann gibt es einen Preis, nur dann erhält das Arbeitsprodukt einen Wert, wenn es gekauft wird; im andern Fall war die aufgewendete Arbeit umsonst. Auf die fertigen Artikel und die Nachfrage hat die Arbeit keinen Einfluß mehr. Arbeit schafft also weder Werte, noch ist sie ein Maßstab dafür; diese Funktion übt das Gesetz von Angebot und Nachfrage aus. Der Fabrikant kann sich diesem Gesetze nicht entziehen: seine Bestrebungen und die Bedürfnisse der Massen, seiner Abnehmer, müssen sich decken.

Auch die Interessen von Arbeitgeber und Arbeitnehmer, von Kapital und Arbeit, stehen einander nicht gegenüber, sondern greifen Hand in Hand. Marx prophezeite, die Maschine würde die Arbeitszeit ausdehnen und die Löhne so tief herabdrücken, daß für die Arbeitsleistung einer ganzen Familie nur mehr so viel gezahlt werden würde wie früher für das Familienoberhaupt allein, er behauptete, daß von den wachsenden Gewinnen nicht der geringste Teil den Arbeitern zugute kommen werde, solange das Kapital die Kontrolle über die Maschine habe. Das Gegenteil von allem dem ist eingetroffen. Die

Arbeitszeit hat sich verkürzt, die Löhne sind gestiegen, und die Lage der Arbeitnehmer ist unter den neuen Produktionsbedingungen eine unvergleichlich bessere geworden. Diese erfreulichen Resultate, die besonders innerhalb der letzten zwanzig Jahre erzielt wurden, gehören zu den Erscheinungen, die ein wahrer Freund der arbeitenden Massen mit Freude begrüßen muß. Mein und andrer Reformer heißester Wunsch ist es, die Entwicklung zum Besseren möge noch schneller als bisher vor sich gehen. Man mag noch so sehr betonen, daß kein Mensch dem andern gleicht, wahr bleibt doch, daß die Gegensätze des Besitzes unendlich größer sind als die Verschiedenheiten der Anlagen, der Fähigkeiten, der Erziehung und – mit Ausnahme einiger ganz weniger – ihres Wertes für die Gesamtheit. Immer sollte man sich vor Augen halten, daß unter den heutigen Verhältnissen Reichtum nicht das Produkt des einzelnen ist, sondern der Allgemeinheit.

Wir wollen der Sache einmal auf den Grund gehen und untersuchen, woher und wie Reichtum entsteht. Nehmen wir zum Beispiel einen biederen fleißigen Farmer, der sich so viel erarbeitet hat, daß er jedem seiner zwei Söhne eine Farm kaufen kann. Beide nehmen sich Frauen aus den Töchtern des Landes, tugendhafte Mädchen aus guter Familie. Sie finden zwei verkäufliche Farmen, eine auf der Insel Manhattan, die zweite am andern Ufer des Harlems. Sie lassen das Los entscheiden, welche Farm ein jeder bekommen soll, damit keiner sich benachteiligt fühle. Das Schicksal bestimmt dem älteren die Farm am Harlem, dem jüngeren die auf Manhattan.

Ein paar hundert Dollar hatten die Farmen gekostet, und die beiden Brüdern siedeln sich an. Sie sind bei ihren Nachbarn geachtet und beliebt; sie versuchen der Gesamtheit zu nützen und ihren Nachbarn mit Rat und Tat zu helfen, so gut sie es können. Beide sind gleich fleißig, verstehen sich gleich gut auf Landwirtschaft und sind gute Bürger ihres Staates in jeder Beziehung. Ihre Kinder wachsen zusammen auf und erhalten eine gemeinsame Erziehung.

Die Ausdehnung von New York nach Norden macht die Kinder des jüngeren zu Multimillionären, während die des älteren einfache, wenn auch wohlhabende Farmer bleiben. Sie haben vor ihren Vettern nur den Vorzug, zu der Menschenklasse zu gehören, die ihren Mitmenschen gewisse Dienste leisten muß, um den Lebensunterhalt für sich zu erwerben.

Wer oder was hat diesen Vermögensunterschied bewirkt? Nicht die Arbeit, nicht besondere Talente, nicht überlegene Fähigkeiten wie Klugheit usw., nicht größerer Unternehmungsgeist, nicht größere der Allgemeinheit geleistete Dienste. Einzig und allein die Allgemeinheit hat die Millionen dieses Millionärs geschaffen. Sein Reichtum wuchs ebenso schnell während seines Schlafes wie während seines Wachseins. Der Reichtum würde genauso sicher eingetreten sein, wenn nicht er, sondern sein Bruder auf Manhattan gewesen wäre und er am Harlem.

Der jüngere der beiden Farmer, der Multimillionär, stirbt; eine Generation später sterben auch seine Kinder, ein jedes Millionen hinterlassend, da seitdem die Farm

Teil der Großstadt geworden ist und Riesengebäude auf den Grundstücken errichtet sind, die jährlich Hunderttausende von Renten abwerfen. Wenn nun beim Tode dieser Farmerkinder, die weder gegraben noch gesponnen haben, der Staat sich hinstellte und erklärte: »Euer Reichtum ist durch die Vermehrung eurer Mitmenschen, der sogenannten Allgemeinheit, geschaffen worden. Es ist also nicht mehr als recht und billig, wenn ein guter Teil davon an die Allgemeinheit abgegeben wird« – welcher Gesetzeskanon würde da verletzt werden? Die Allgemeinheit hat zu Lebzeiten auf den Teil keinen Anspruch gemacht, der ihr zukam, nun aber darf sie ihren Teil fordern.

Es gibt Fälle, wo ein Vermögen zum größten Teil die Frucht persönlicher Anstrengung und Befähigung ist, und in solchen Fällen ist es vielleicht besser, wenn der Staat Kapital und Kompetenz weiterarbeiten läßt – das ist der beste Ansporn zum Erfolg – zum Wohl des Landes und zur Vermehrung seiner Hilfsquellen. Es ist nicht klug, Arbeitsbienen zu stören, es ist klüger, sie weiter Honig einholen zu lassen ihr ganzes Leben lang. Wenn aber der Tod sie von der Arbeit abruft, darf ein Teil der Honigwaben auch den andern Bienen zugute kommen. Wann dies geschieht, ist unwesentlich, Hauptsache, es geschieht.

Wie wir in dem Falle der beiden Brüder sahen, ist der Schöpfer des Reichtums nicht der einzelne, sondern die Gesamtheit. Ein Besitz geht von einer Hand in die andre, und jeder bezahlt einen höheren Preis als sein Vorgänger. Ob wirklich jeder Eigentümer seinen Besitz seinem Nachfolger mit Gewinn verkaufen kann, hängt fast einzig und allein vom Anwachsen der umwohnenden Bevölkerung ab. Bleibt die Bevölkerung stabil, so bleibt es auch der Wert des Grund und Bodens, geht die Bevölkerungszahl zurück, so sinkt auch, sogar noch schneller, der Wert. Mit andern Worten: Jede neue Generation erzeugt neuen Reichtum, Entvölkerung vermindert ihn. Dieses Gesetz gilt vor allem auf dem Gebiete der größten Ansammlungen von Reichtum, dem Besitz von Liegenschaften. Nirgendwo sonst ist die Vermehrung von Kapital so sehr von der Allgemeinheit und so wenig vom Besitzer abhängig. Deshalb sollte vor allem diese Form des Reichtums besteuert werden.

Wir wollen nun einmal den Reichtum betrachten, den sich jemand durch geschäftliche Betätigung erwirbt, der nicht zum geringen Teile das Werk eines einzelnen ist. Nehmen wir einmal an: Ein braver Farmer hat fünf Söhne. Der erste geht nach New York und sieht, daß Eisenbahnen nach allen Richtungen des Landes für die Zukunft dieser Weltstadt von größter Bedeutung sind. Er wirft sich auf dieses Feld und spielt bald eine wichtige Rolle auf dem Eisenbahnmarkt. In dem Maße, wie die Bevölkerung des Landes und vor allem die von New York wächst, rechtfertigen die zu bauenden Transportwege steigende Investitionen von Kapital. Er kalkuliert genau mit diesen Zahlen und stellt fest, daß die Aktien der betreffenden Gesellschaften mit großer Sicherheit Dividenden abwerfen werden, daß vielleicht jetzt schon Überschüsse über die Zinsen des investierten Kapitals erzielt werden, die, wenn sie nicht für notwendige Erweiterungen benötigt werden, als Dividenden ausbezahlt werden und die Aktien auf pari[6] bringen können. Er strengt einen Kredit an, nimmt große Summen auf, kauft die Aktien niedrig, wird bald vielfacher Millionär und jedes seiner Kinder bei seinem Tode Millionär. Er wurde getragen von einer Hochflut der Prosperität, die wiederum vom intensiven Handelsverkehr einer sich rasch entwickelnden Großstadt verursacht wurde. Eine Verschmelzung der verschiedenen kleineren Linien zu einem einzigen Eisenbahnsystem schafft die Bedingung für eine ungeheure Konzentration von Kapital und eröffnet die Gelegenheit für profitable Betätigungen auf verwandten Gebieten – aber all das ist abhängig von einer stetig steigenden Bevölkerungsziffer, die eben die höheren Werte schafft. Wenn wir auch dem Begründer dieses Vermögens eine hervorragende Begabung zuschreiben und zugeben müssen, daß er sich um seine Zeit und den Staat hervorragende Verdienste erworben hat, so steht doch ebenso fest, daß letzten Endes die Begründer des Vermögens die blühenden Gemeinwesen längs der Bahnstrecken sind, zwischen denen die Bahn Handel und Verkehr betreibt. Handel und Verkehr machen die Eisenbahnaktien zu guten Dividendenpapieren und geben ihnen einen über die Anlagekosten weit hinausgehenden Wert. Auch an seinem Werke war die Nation ein stiller Teilhaber, der nun auch zu einem entsprechenden Anteile am Gewinn berechtigt ist.

Den zweiten Sohn verschlug das Schicksal nach Pitts-

[6] D.h. auf ihren Nennwert.

burgh, gerade als man entdeckte, daß einige Kohlefelder, die um Pittsburgh herum liegen, vorzüglich für den Hochofenbetrieb geeignet seien und daß eine andre leicht zu fördernde Kohlenader ausgezeichnete Schiffskohle liefere. Kleinere Hochöfen waren bereits vorhanden. Alles wies darauf hin, daß hier, wo man billigeren Stahl herstellen würde als an irgendeinem andern Platz der Welt, das zukünftige Zentrum der Stahlproduktion sein würde. Die Aufmerksamkeit unsres Farmers lenkte sich naturgemäß auf dieses Gebiet. Er wurde das Werkzeug der örtlichen Gegebenheiten, er brauchte seine Geisteskraft nicht besonders anzustrengen, es lag ja alles in der Luft. Sein Verdienst bestand darin, daß er den unverrückbaren Glauben an die Zukunft dieser Gegend und des Stahls hatte, daß er und seine Gefährten alles, was sie hatten – es war wenig genug –, riskierten, und daß sie sonst vorsichtige Geldgeber dahin brachten, ihnen größere Summen zur Verfügung zu stellen. Er und seine Partner bauten Hochöfen und Walzwerke, wurden schließlich Besitzer eines großen Konzerns, der jährlich Millionen über Millionen einbrachte. Er sah noch weiter. Er suchte andre Länder auf, studierte die dortigen Verhältnisse und kam zu dem Schlusse, daß große Vorräte von Rohmaterial der Schlüssel zu dauernder Prosperität sind. Er und seine Partner handelten entsprechend und erwarben eine Reihe von Kohlenfeldern und Erzgruben und waren so auf viele Jahre hinaus im Besitze all der Rohmaterialien, die es braucht, um Stahl und Eisen zu erzeugen. Ihr Vorgehen war gesund, es bedurfte dazu aber keines besonderen Genies, nur ein bißchen Intelligenz, Fleiß, Weitblick, Urteil und offene Augen waren nötig. Sie beschränkten sich nicht auf Kohlen und Eisen, sie kauften für ein Butterbrot andere Mineralien. Aus diesen Mineralien strömten den Besitzern große Gewinne zu – aber diese Mineralien hatten vorher der Allgemeinheit gehört, und die Besitztitel waren zu lächerlichen Preisen erworben worden. Die Spekulation wurde aber erst durch den Bedarf an Eisen und Stahl profitabel, durch die wachsende Bevölkerung, die den neuen Kontinent besiedelte. Ohne volkreiche Städte und Dörfer wäre kein Milliardensegen auf sie herabgeregnet. Wer wollte es also der Nation verbieten, wenn sie ihren Anteil an den Millionen forderte beim Tode derer, die sie zusammengerafft?

Der dritte Bruder lenkte seine Schritte nach Chicago. Er suchte Beschäftigung in einem Fleischexporthaus, wo er sich bald unentbehrlich machte. Er brachte es so weit, daß er einen Anteil am Geschäftskonzern bekam, und da der Bedarf mit dem Steigen der Bevölkerung wuchs, erlangte auch er die Millionärskrone. Wären Chicago und Amerika so bevölkerungsarm geblieben, wie sie es damals waren, wäre er niemals Millionär geworden. Die Größe seines Geschäftszweiges beruhte ganz und gar auf dem Bedarf der großen Masse, sie allein trieb die Gewinne in die Höhe und schuf das Riesenvermögen.

Der vierte, angelockt durch die Erzählungen von den Schätzen von Hecla und Calumet und andrer reicher Minen, siedelte sich in Montana an und hatte nach einigen Jahren harter Entbehrung endlich Glück. Die große Nachfrage nach Kupfer und Silber hielt die Preise hoch, und so konnte er ungeheure Summen aus einem Stück Land herausschlagen, für das er der Regierung einen lächerlich geringen Preis gezahlt hatte. Er schuf seinen Reichtum nicht, er holte ihn nur aus dem Boden heraus, erst die Bedürfnisse des Wirtschaftslebens gaben den vordem wertlosen Steinen ihren Wert. Besonders in diesem Falle muß unser Gerechtigkeitsgefühl zugeben, daß der, der Werte (auch in diesem Falle ist es die Allgemeinheit) schafft, auch den Vorteil davon haben solle.

Der fünfte hatte ein trauriges Schicksal. Als junger Mann kam er nach New York, geriet unseligerweise in das Kontor eines Börsenmaklers und wurde bald in das Getriebe des Börsenlebens verstrickt, während seine gute Mutter allen ihren Bekannten erzählte, daß er sich im Geschäft »gut mache«. Mit seinem kleinen Gehalt versuchte er zu spekulieren und hatte auch Glück. Die Ära des Steigens der Werte war gekommen: Er erwarb sich ein großes Vermögen, ohne daß er dabei etwas tat, denn der Börsenspekulant ist nur ein Schmarotzer des Geschäftslebens; er nährt sich von Werten, schafft aber selbst keine neuen. Nach wenigen Jahren hatte ihn die Spielwut ganz und gar erfaßt. Er ließ sich dazu verleiten, mit gleichen Existenzen einen Corner[7] zu bilden, und wie zu erwarten, mußte er die Erfahrung machen, daß Leute, die sich zusammenschließen, um andern eine Falle zu legen, keinen Augenblick zögern, gelegentlich ihre Partner ebenso zu betrügen, sobald es für sie vorteilhaft ist und sie selber keine Bloßstellung zu befürch-

[7] Gruppe von Börsenhändlern, die beabsichtigen, die Kurse zu manipulieren.

ten haben. Er beendete sein Leben durch eigene Hand. Sein Geschick war für seine Brüder nur ein Beweggrund mehr, nie zu spielen. Ein Spekulant hinterläßt seinen Erben selten ein Millionenvermögen, es sei denn, daß der Tod ihn zufällig aus einer glücklichen Konstellation abruft. Und in diesem Falle sollte der Staat das auf unehrliche Weise erworbene Geld mit dem höchstmöglichen Steuerfuße belegen, höher als auf unverdienten Wertzuwachs. Reichtum ist oft – man kann wohl sagen: fast immer – ein Gnadengeschenk des ganzen Volkes; in diesem Falle aber senkt er den moralischen Anspruch des Inhabers und drückt die allgemeinen ethischen Maßstäbe auf ein niedriges Niveau herunter, weil er gewonnen ist ohne irgendwelche Gegenleistung, ohne hinreichend begründete Besitztitel, was mit den Gewinnen am Spieltisch auf einer Stufe steht.

Es gibt eine Klasse von Millionären, die in einem höheren Grade als alle andern ihr Vermögen als Eigentum zu besitzen berechtigt sind, die Erfinder: Graham Bell[8] für sein Telefon, Edison[9] für seine zahllosen Erfindungen, Westinghouse[10] für seine Luftdruckbremse und so viele andre, die neue, bisher unbekannte Verfahren entdeckten und ihr Vermögen daran setzten. Sie waren es sich selbst schuldig, einen guten Teil der Anteilscheine der Gesellschaften, die gegründet wurden, um die neuen Erfindungen zu verbessern und in den Dienst der

[8] Alexander Graham Bell (1847–1922).

[9] Thomas Alva Edison (1847–1931) meldete insgesamt über tausend Patente an.

[10] George Westinghouse (1846–1914), amerikanischer Ingenieur und Industrieller.

Allgemeinheit zu stellen, zu behalten. Der Reichtum des Erfinders hat seinen Ursprung in dem Erfindergenie, deshalb gebührt dem Erfinder alle Ehre, denn er steht auf einer höheren Sprosse als die andern. Es mag zugegeben werden, daß die Führer unsrer Unternehmen, unsrer Eisenbahngesellschaften, Warenhäuser, der Trusts und andrer Geschäftsbetriebe mehr oder weniger neue Wege auffinden mußten, und fast ausnahmslos läßt sich in ihrem Leben eine besondere Fähigkeit finden, auf der ihr Erfolg beruhte. Das ist zweifellos richtig, doch die Erfindungen und neue Verfahren waren das Werk andrer, so daß ihre eigene Leistung sich nur auf die Einführung von neuen Organisations- und Geschäftsmethoden oder auf das Erfassen und Ausnutzen von Gelegenheiten beschränkte. Genau das haben die Erfinder getan, die Millionäre geworden sind, aber sie haben selbst die Erfindung gemacht, so daß sie den Anspruch erheben dürfen, mehr zu ernten als jene. Doch sie alle sind abhängig von einer Zunahme der Bevölkerung, von Massen, welche die produzierten Artikel verlangen und brauchen, so daß auch der Reichtum des Erfinders in hohem Maße abhängig ist von der Gesamtheit der Bevölkerung, die die erzeugten Waren braucht. Und deshalb ist nicht recht ersichtlich, warum die Allgemeinheit, die ein sehr tätiger Teilhaber gewesen war, nicht auch beim Tode des Besitzers eines großen Reichtums mit erben sollte.

Ohne eine große und stetig wachsende Bevölkerung gibt es keinen großen Reichtum, und wo solcher auf ehrliche Weise entsteht, da ist die Masse stets der stille

Teilhaber. Wohl kann nicht bestritten werden, daß die bedeutenden Organisatoren, die Eisenbahnpräsidenten, Schiffsreeder, Industriellen, Großkaufleute oder Bankiers, Ausnahmenaturen sind, daß auf ehrliche Weise in irgendeiner nutzbringenden Betätigung erworbene Millionen ein Beweis von ungewöhnlicher Fähigkeit, von Urteilsvermögen und Arbeitskraft sind, kurz: ein Beweis dafür, daß die Betreffenden wertvolle Mitglieder der menschlichen Gesellschaft sind. Um keinen Preis der Welt sollte man solchen Männern unnötigerweise Hindernisse in den Weg legen oder sie durch Schranken hemmen, solange sie leben und schaffen können. Im Grunde genommen können sie nur verhältnismäßig wenig für sich verbrauchen, im allgemeinen ist der Gelddiener im Gegensatz zu seinen Erben, die gewöhnlich der *jeunesse dorée* angehören, mäßig, bescheiden und hat wenig von einem Verschwender. Der Millionär ist vielleicht die Arbeitsbiene im Bienenstock der Industrie, die am wenigsten ausgibt, wenn man das, was er einnimmt, mit dem vergleicht, was er für sich verbraucht. All sein Kapital arbeitet an der Entwicklung des Landes, sucht wieder Geld zu erwerben, von dem ein guter Teil an Arbeitslöhne geht. Im Interesse der Allgemeinheit also sollte diese Arbeitsbiene nicht belästigt werden, solange sie Honig einholt, aber ein großer Teil muß dann in die gemeinsame Schatzkammer fließen, wenn sie nicht mehr ist.

Wer keine Gelegenheit hatte, das Wirken des Reichtums im Getriebe des Wirtschaftslebens zu studieren, muß sich naturgemäß einen falschen Begriff davon machen. Er sieht nur die Besitzenden in ihren Palästen, umgeben von jeglichem Luxus, sieht die prächtigen Wagen durch die Straßen jagen, liest von ihren prunkvollen Festlichkeiten, ihrem schwelgerischen Leben und ihrer unmäßigen Verschwendung, von Spiel und Wetten – und es ist für jene, die um ihr Überleben kämpfen, schwer, dabei ruhig zu bleiben. Ich will diese traurigen Kontraste nicht verdecken und will auch kein Wort zu ihrer Verteidigung anführen – es ist der traurigste und beklagenswerteste Gegensatz, den das Leben überhaupt aufzeigt –, aber wenn wir die Tätigkeit des Reichtums als Ganzes nehmen, so sieht man bald, daß diese Extravaganzen nur einen ganz kleinen Teil des gesamten Reichtums verschlingen. Die Kapitalien des Millionärs liegen alle fest und müssen arbeiten, nur eine verhältnismäßig kleine Summe liegt zum persönlichen Gebrauche als offenes Konto auf der Bank. Unsre Eisenbahnen und Schiffe, unsre Hochöfen und Stahlwerke, unsre Fabriken und das dazugehörige Betriebskapital – sie sind das Werk des investierten Reichtums. Der Millionär mit seinen paar Millionen oder der Multimillionär mit seinen Hunderten von Millionen hat nur sehr geringe Summen zu seiner freien Verfügung, sein ganzes Geld arbeitet und sucht Menschen lohnbringend zu beschäftigen. Sie können sich diesem Zwang nicht entziehen, wollen sie nicht Geizhälse werden, die sich an dem Gleißen des vielen Goldes im Kasten ergötzen – doch habe ich bis jetzt noch keinen solchen Millionär kennengelernt. Im Gegenteil, der Millionär ist in der Regel sehr vorsichtig, was das Geld betrifft, und viel weniger als der weniger

Begüterte geneigt, es leichtsinnig auszugeben. Außerdem ist er in den allermeisten Fällen ein Mann von einfachen Gewohnheiten, der allen nur äußeren Schein haßt.

Was immer auch die Arbeiter über die reicheren Mitmenschen denken mögen, eines ist über allem Zweifel sicher: Der Überschuß kommt mit Abzug eines ganz geringen auf die eine oder die andre Weise doch auch den Arbeitern zugute. Ja sogar die Extravaganzen müssen auf ihre Weise dem allgemeinen Wohle dienen, denn auch sie beschäftigen wieder manchen Arbeiter. Auch der Reiche kann nur wenig ausgeben, ohne dafür bezahlte Dienste und Gegenleistungen in Anspruch zu nehmen. Mehr als besseres Essen, bessere Kleidung und schönere Wohnung kann auch er nicht bekommen. Nur ein sehr, sehr geringer Prozentsatz seines Reichtums läßt sich wirklich verschwenden. Wenn der Sozialist also verlangt, daß aller Reichtum in den Staatsschatz zurückfließen soll, dann verlangt er keine große Änderung in den Aufgaben des Reichtums. Als alleiniger Eigentümer würde der Staat ihn nicht viel anders verwenden als die bisherigen Besitzer: er würde damit auf irgendeine Weise Arbeit entlohnen. Ob aber der Staatsbetrieb produktiver arbeitet als Privatbetrieb, ist nach den bisherigen Erfahrungen sehr zweifelhaft. Es kann den Arbeitern ziemlich gleichgültig sein, ob der Staat oder Einzelpersonen über den Reichtum verfügen, wenn der Staat genau wie jetzt die Privatbetriebe als Maßstab für den Arbeitslohn die Nachfrage nimmt, den einzig richtigen. Alles würde dann beim alten bleiben, auch dann würde der eine fünf Talente[11], der andere zehn, ein paar ganz wenige hundert Talente und mehr besitzen, und der[12] würde ebenso herrschen wie zuvor. Man hat die Brücke noch nicht gefunden, die über die Kluft zwischen gleicher und ungleicher Entlöhnung von verschiedenartigen Arbeitsleistungen führt. Solange sie nicht gefunden wird – und ich glaube kaum, daß es sie gibt oder daß man sie schlankweg dekretieren kann –, so lange kann es keinen Kommunismus geben, auch nicht in der abgeschwächten Form des Sozialismus. Auch gegen diesen sind von Leuten, die über die wirtschaftlichen Verhältnisse nachgedacht haben, ernstliche Bedenken erhoben worden, seit die Beseitigung des Privateigentums und der Grundsatz »Gleicher Lohn für alle«, die beiden Grundpfeiler des Sozialismus, endgültig aufgegeben worden sind.

Man spricht heutzutage viel zuviel über den Reichtum, man stellt ihn als die Hauptsache im Leben dar. Ärmeren Bevölkerungsschichten ist er das Götzenbild, vor dem alles niedersinkt, er ist das Ziel ihrer heißen Sehnsucht, und ihm gilt ihre ganze Lebensaufgabe. Wahr ist freilich, daß Reichtum die bestehenden Rangunterschiede verwischt: der Adlige, der seine Würde, aber kein Geld geerbt hat, sucht erfolgreich Fühlung mit dem Reichtum. Es bleibt ihm ja nichts andres übrig, da er zu

[11] Eine bestimmte Geldsumme. Das Wort wird im Neuen Testament verwendet, zum Beispiel im Gleichnis von den anvertrauten Talenten.

[12] Individualismus heißt hier, daß jeder für sich selber lebt und arbeitet und daß sein Besitz von niemandem angetastet werden darf (Gegensatz zu Kommunismus).

einer bestimmten Lebenshaltung gezwungen ist, die ohne große Mittel unmöglich ist. Er sieht sich nach einer reichen Erbin um, nicht ihre Vorzüge, sondern ihr Geld ist die Hauptsache.

Die Arbeiter mögen folgendes beachten: Keiner von den sogenannten »höheren« Berufen betrachtet Reichtum als einziges Lebensziel, schneidet sein Leben ganz auf ihn zu. Der Arzt, der der Heilung der menschlichen Gebrechen sein Leben widmet, weiß, daß Reichtum nicht das Höchste im Leben ist; der Geistliche, der seinen Mitmenschen etwas zu sagen hat, sieht in der Ausübung seines Berufes seine höchste Befriedigung, Reichtum würde ihm wenig dabei helfen. Der Rechtsanwalt sieht nicht nur im Gelde den Lohn für seine Arbeit, der Erfinder, der Architekt, der Ingenieur, der Gelehrte, sie alle kennen edlere Belohnungen als Geld: ein genügendes Auskommen ist alles, was sie wünschen. Die großen Erzieher der Nation, von den Professoren der Hochschulen herab bis zu den Volksschullehrern, beugen ihre Knie nicht vor dem Idol der Massen. Unsre Dichter, Schriftsteller und Staatsmänner, in denen wir den höchsten Typ des Menschen verkörpert sehen, sind über die Lockungen des Geldes erhaben und müssen es sein: sie kennen größere Genüsse und edlere Lebensziele, als nur Millionäre zu sein, sie haben ihre höhere Mission, sie können ihr Leben nicht mit der Anhäufung von Untergeordnetem verschwenden. Sie legen wohl etwas für ihre alten Tage zurück, aber wohl kaum darüber hinaus. Sie wissen nämlich, daß der Reichtum das Glück des Menschen eher vernichtet als erhöht. Lachende Millionäre sind selten. Unerquicklicher Zwist in der Familie kommt bei Reichen häufig vor, und fast immer sind es widerliche Differenzen wegen des lieben Geldes. Die unglücklichsten Menschen aber sind diejenigen, die ihr Leben lang das Goldene Kalb angebetet haben und ihr Alter herankommen fühlen. Die Unseligen treten weiter in der Tretmühle, fest davon überzeugt, daß sie immer noch die Triebkräfte sind, abgearbeitet und gebrochen treten sie weiter und können sich nicht losreißen. Sie enden, wie sie begonnen: indem sie in das Nichts zurückzusinken. Sie müssen das Geld ihren Erben zurücklassen, weil sie es nicht mitnehmen können, und diese zanken sich darum. Ein trauriges Ende, weniger beneidenswert als das ihrer ärmeren Mitmenschen. Reichtum an sich bringt nicht Ruhm, auch wenn man sich dafür Ehrentitel kaufen kann. Auch ist das Andenken der Millionäre im allgemeinen nicht gesegnet. Geld zusammenzuscharren ist ein niedriger und erniedrigender Ehrgeiz, denn das Geld sollte stets der Sklave, nie der Herr der Menschen sein.

Und doch gibt es einen fundamentalen Unterschied zwischen Standesunterschied und Reichtum. Gewöhnlich ist der Reichtum schon in der dritten Generation in alle Winde verstreut, er fängt in Hemdsärmeln an und hört in Hemdsärmeln auf. Reichtum zu behalten ist kaum weniger schwierig, als ihn zu erwerben. Er hat die Neigung, sich zu verteilen, wenn er nicht durch besondere Gesetze daran gehindert wird. In Amerika, dem Lande der größten Vermögen, kommt der Reichtum fast nie über die dritte Generation hinaus, ja es ist schon viel, wenn er so lange beisammenbleibt. Wir haben in Amerika nur sehr wenige Familien, wo Enkel noch vom Vermögen ihrer Großväter zehren. Die zwei oder drei der bedeutendsten Ansammlungen von Reichtum sind unter die Kinder und Kindeskinder verteilt und werden zu ganz mäßigen Zahlen zusammenschrumpfen, wenn auch deren Kinder erwachsen sind. So sicher wie der Tod werden sie wieder anfangen müssen, in Hemdsärmeln zu arbeiten, wie ihre Vorfahren es getan haben.

Die Zahl der großen Vermögen endlich ist gering im Vergleich zu der Summe der mäßigen Vermögen. Die erste Gruppe zieht die Aufmerksamkeit weit über Gebühr auf sich. In Zukunft werden, so wie die Dinge jetzt liegen, Riesenvermögen noch weniger zahlreich sein und sich noch schwerer aufhäufen lassen als früher. Die meisten großen Unternehmungen treten in der Form von Gesellschaftsvermögen auf. Ich kenne nur einen einzigen noch aktiven Geschäftsmann, der ein außerordentlich großes Vermögen besitzt; der Grund zu diesem Vermögen wurde jedoch bereits vor einem halben Jahrhundert durch den Erwerb von Wäldern gelegt, deren Wert so ungeheuer gestiegen ist.

»Gleichmäßige Verteilung« ertönt es aus den Reihen der Sozialisten. Nehmen wir einmal an, ein Philanthrop – das ist gewöhnlich ein Mensch mit mehr Geld als Verstand – wollte nach jenen Grundsätzen handeln und sein Vermögen unter die Armen von London oder New York verteilen. Eines schönen Morgens geht er zu ihnen hinaus und verkündet ihnen seinen Entschluß. Bald ist er von einer großen Menge umringt, und die Verteilung beginnt. Auf den Kopf jedes Mannes und jeder Frau kommen sagen wir 100 Mark. Viele, viele Tausende hat er schon verteilt, doch die Menge der ihn Umringenden wird immer größer. Am Abend geht er heim um eine Erkenntnis reicher und voll Schauder über den Anblick, der sich ihm dargeboten hat. Sind das wirklich noch Menschen, oder haben sie nur zufällig menschliche Gestalt? Sieht denn nicht jeder ein, daß die erste und notwendigste Arbeit der Sozialisten die Hebung der Menschheit auf ein Mindestmaß sein muß, das einen weisen und nüchternen Gebrauch der Wohltaten gewährleistet? Darüber sind wir uns alle einig: Erst wenn diese notwendige Vorbedingung, die Hebung der Massen, erreicht ist, wird sich über die weiteren Schritte reden lassen, wie Elend und Not aus der Welt zu schaffen sind. Gegenwärtig würde ein solch Verrückter, der das Geld unter die Leute würfe, seinen Mitmenschen an einem einzigen Tage mehr Unrecht zufügen, als er wahrscheinlich sein ganzes Lebens wiedergutmachen könnte. »Auf die Knie, und flehe um Gnade«, müßte man einem solchen Philanthropen zurufen. Nehmen wir einmal an, die 40 Pfund Sterling – soviel kämen vom Nationalvermögen in England auf den Kopf der Bevölkerung – würden jedem ausbezahlt, was wäre die Folge? Ein paar Tage Saturnalien[13], dann würde aus der gleichförmigen Menge wieder reich und arm sich scheiden, und am Schluß wäre es ärger als vorher. Der Boden ist noch nicht

[13] Römisches Fest zu Ehren des Gottes Saturn: Aufhebung der Standesunterschiede, gegenseitiges Beschenken mit Kerzen und kleinen Tonfiguren, öffentliche und private Gelage.

vorbereitet, um eine solche Verteilung vornehmen zu können. Wir mögen gute Samen aussäen wollen, die Disteln aber würden die Saat ersticken. Vorher haben wir die Pflicht, den Reichtumsüberschuß in der Form zu verteilen, von der wir glauben, sie könne die bestehenden Verhältnisse am besten verbessern. Als gerechte und angemessene Form der Verteilung erscheint eine kräftige progressive Nachlaßbesteuerung beim Tode des Besitzers und eine Steuerveranlagung nach der Leistungsfähigkeit. Dies ist die von Roosevelt[14] inaugurierte Politik in Amerika; noch viel nötiger wäre sie in England.

Wenn man die Schriften der Sozialisten liest, scheint es, als ob der gesamte Reichtum in den Händen ganz weniger konzentriert sei. Man scheint die Tatsache ganz zu übersehen, daß die vereinten Massen der arbeitenden Klassen ebensolche Großkapitalisten sind. Die Sparkassen des Staates New York allein verfügten im Jahre 1906 über 1 335 00 000 Dollar Spareinlagen von 2 637 235 Sparern – das macht 506 Dollar auf jeden Sparer. Diese Depositen stammen ausschließlich von Arbeitern, denn Kapitalisten und Geschäftsleute suchen ihr Geld anderswo und zu einem höheren Zinsfuß anzulegen. Die Gesamtsumme, die in den Sparbanken der Vereinigten Staaten konzentriert ist, beläuft sich auf 3 482 000 000 Dollar, doch stellt diese Riesensumme noch nicht das Gesamtvermögen der amerikanischen Arbeiterbevölkerung dar, da es in Amerika, besonders in den Weststaa-

[14] Theodore Roosevelt (1858–1919), amerikanischer Präsident von 1901–1908, verfolgte eine Politik der öffentlichen Kontrolle über die privaten Wirtschaftsinteressen und des verbesserten Arbeiterschutzes.

ten, zahlreiche Gelegenheiten für vorteilhaftere Anlagen gibt und das rapide Steigen der Bodenpreise die dortige Bevölkerung dahinführt, die Investierung ihres Vermögens in Grund und Boden vorzuziehen. …[15] Die einzige Gefahr, die für diese Spareinlagen besteht, ist das Verlangen der Sozialisten, aus diesem Privatbesitz Staatseigentum zu machen, es den Sparern wegzunehmen und in die Staatskasse überzuführen. Die mit der Leitung und Verwaltung dieser Summen Betrauten stellen eine Gruppe von Großkapitalisten dar, die mit den sozialistischen Ideen nichts mehr zu tun hat und neue Klassenunterschiede aufstellt. Eine ernste Störung des Wirtschaftslebens würde zu befürchten sein, wenn sich die Sozialisten nicht mehr auf das Reden und Schreiben beschränken, sondern die Forderung »Alles sei Gemeineigentum« in die Tat umsetzen wollten. Glücklicherweise wird es sobald nicht dazu kommen. Die Medaille hat also auch eine Kehrseite, über welche die sozialistischen Schriftsteller bisher nur oberflächlich hinweggehen. Einer der schwersten Vorwürfe, der der heutigen Sozialdemokratie gemacht werden kann, ist der, daß sie, während sie große Reden hält, als System bis jetzt zur Untätigkeit verurteilt ist und es für unabsehbare Zeiten auch bleiben wird, da die menschliche Natur sich kaum ändern wird. Ernste Männer sollten deshalb nicht solch wesenlosen Schatten nachjagen und darüber die Hauptsache, die Besserung der gegenwärtigen Zustände, die sich ihnen geradezu aufdrängt, übersehen.

[15] Kurze Passage mit weiteren statistischen Angaben gestrichen.

Es gibt drei Klassen von Menschen. Die einen sind in Armut geboren und haben das sorgenvolle Antlitz von Vater und Mutter, von Bruder und Schwester sehen müssen, wie sie am Nötigsten Mangel litten. Als eine heilige Pflicht steht vor ihren Augen, den Wolf des Hungers von der Türe zu vertreiben und sich ein Vermögen zu erwerben. Junge Leute mit einer solchen Jugend und einem solchen Ziel gehen in die Welt im festen Entschluß zu gewinnen; und sie müssen gewinnen. Das Geschäftsleben bietet ihnen heutzutage die besten Aussichten auf Erfolg und Sieg. Nicht daß der in Armut Geborene nicht auch nach Höherem streben dürfte, nach geistigen Genüssen, nicht daß er nicht auch auf ehrenhafte Weise nach einer Ehrenauszeichnung greifen dürfte – ich meine nur, er könne erst dann, wenn er für sich und seine Familie gesorgt hat, andern von Nutzen sein. Dies aber muß seine erste Aufgabe sein. »Wenn einer nicht sorgt für die Seinigen und sein Haus, dann ist er abtrünnig geworden und schlimmer denn ein Ungläubiger.«[16] Nur sehr wenige Ausnahmenaturen, die etwas Großes in der Welt geleistet haben, scheinen wenig an sich oder an die Ihrigen gedacht zu haben. Aber solche Naturen sind so selten, daß wohl für alle als Regel gilt: Die erste und notwendigste Pflicht ist, für sich und die Seinigen zu sorgen. Nie sollte man die Wahrheit aus den Augen verlieren, daß Riesenvermögen für ihre Besitzer ebenso nutzlos sind wie Ordenssterne für ihre Inhaber, die Vermögen

[16] John Burns (1858–1943), britischer Gewerkschafter und Arbeiterführer. Er war das erste Mitglied des britischen Kabinetts aus dem Arbeiterstand.

aber wirken bei weitem nicht so ornamental. Die großen Reichtümer vermögen ihren Besitzern nicht mehr Lebensgüter zu verschaffen als sein bescheidenes Auskommen einem gesunden, nüchternen und tüchtigen Arbeiter, der sich etwas für die Tage des Alters zurücklegt.

Wir haben hervorragende Beispiele von Männern, die als Arbeiter Zierden der Parlamente sind. John Burns[16] war Arbeiter und als Minister eine bemerkenswerte Erscheinung gewesen. Manche haben den höchsten Rang im Staate erreicht, und das ist nur eine vom Gesetz gewährleistete Möglichkeit, denn nicht wenige unserer großen Geister waren ursprünglich gewöhnliche Arbeiter. Fast ohne Ausnahme haben unsre heutigen Millionäre ihre Millionen selbst erworben. Ohne daß ich es erst ausdrücklich sage, haben sie sparsam gewirtschaftet, nicht getrunken oder gespielt. Ein Millionär wurde einmal gefragt, wie er zu dem ersten Tausend gekommen sei. »Das war sehr einfach«, gab er zur Antwort, »ich habe es nämlich nicht ausgegeben!«

Die zweite Art von Menschen strebt nach Ruhm, nicht dem des kaufmännischen Erfolges, sondern nach einem noch unnützeren. All ihr Sehnen hat Hotspur, ein eitler Pfau auf der Lebensbühne, in folgenden Worten ausgedrückt:

»Mich dünkt, es wär' ein leichtes Werk
Sich Ruhmesglanz zu holen von dem silbergleißenden Gestirn
Mit einem Sprung zu tauchen auf dem Meeresgrund
Mit Ketten den versunknen Schatz heraufzuholen

Und ohne Mitbewerber möcht' ich alle Würden
tragen.«[17]

Zu der dritten Art von Menschen[18] gehört jeder ehrliche, ernste, nüchterne Mensch, der mit den andern Schulter an Schulter arbeitet und den Platz ausfüllt, auf den er gestellt ist; bei Mißerfolg im Leben gibt er nicht den Sternen schuld, nur sich selber. Diese Wahrheit ist ihm alles: Nur ein genügendes Auskommen ist notwendig und erstrebenswert, Reichtum ist etwas Unwesentliches. Wenn er kommt, so betrachte ihn als anvertrautes Gut, das du zum allgemeinen Wohle verwalten sollst.

Wenn diese große Wahrheit besser erkannt würde, würde der Gelddurst aufhören. Nie ist ein besonderer Stand so rücksichtslos und ausschließlich auf Reichtum ausgegangen als heute unterschiedslos alle Berufsklassen. Die Menschen werden aber bald einsehen, daß der Reichtum seinen Besitzern nicht das Glück bringt und den Kindern nicht den Nutzen, den sie erhoffen. Der Weise wird vorerst seinen Unterhalt sicherstellen und sich dann gemeinnützigen Aufgaben widmen, zum Wohle der andern, insbesondere seiner engeren Heimat. Ich habe Gelegenheit gehabt, viele Städte zu sehen und ihre Bürgermeister und Bürgerschaftsvertreter zu sprechen. Einen tiefen Eindruck aber hat es auf mich immer gemacht, wenn ich sah, daß eine große Zahl von ihnen aus den niedrigsten Ständen hervorgegangen war. Sie sind glücklich in dem Bewußtsein, ein wertvolles und nützli-

[17] Shakespeare, *Henry IV;* Part 1, 1.3.
[18] Kurze Passage gestrichen.

ches Leben zu führen und nicht nur für sich, sondern auch für ihre vom Glück weniger begünstigten Mitmenschen zu arbeiten. In ihren reiferen Jahren suchen sie ein Fleckchen Erde in einen besseren Zustand zu versetzen, als sie ihn vorgefunden haben, jenes Fleckchen, das für sie in den meisten Fällen das teuerste ist auf der ganzen Erde, da, wo einmal ihre Wiege gestanden. Erst ein auch für andre nützliches Leben, erst inneres Glück und innere Befriedigung, erst all dies macht das Leben lebenswert und wirft einen Heiligenschein auf das Sterbebett. Reichtum ist nicht Selbstzweck, er ist ein heiliges anvertrautes Gut zum Wohle der andern. Um ein ehrenvolles Alter zu krönen, genügt ein mäßiges Vermögen.

DER DREIBEINIGE STUHL

Jedes industrielle Unternehmen braucht drei Teilhaber. Der erste – nicht seiner Bedeutung, wohl aber der Zeit nach – heißt Kapital. Ohne ihn kann nichts unternommen werden. Vom Kapital erhält jede Unternehmung ihren ersten Lebensatem.

Nachdem die Grundlagen aufgerichtet, das Unternehmen mit den nötigen Mitteln ausgestattet und alles für die Produktion Notwendige bereit ist, beginnt der zweite Teilhaber seine Arbeit. Dieser heißt *geschäftliche Tüchtigkeit.* Der Teilnehmer Kapital tat bereits das Seinige. Er hat alle Mittel und Werkzeuge für die Gütererzeugung beschafft; allein solange Kapital nicht über Männer verfügt, welche das Geschäft zu leiten verstehen, ist all sein Aufwand umsonst.

Und nun erscheint der dritte Teilnehmer – als letzter, aber keineswegs als am wenigsten wichtiger. Sobald die Arbeit ihre Pflicht nicht tut, ist alle Mühe und aller Aufwand vergeblich. Kapital und geschäftliche Tüchtigkeit ohne Arbeit sind gleich totgeborenen Kindern. Das Triebwerk rührt sich nicht, wenn Arbeit es nicht bewegt.

Man könnte Bände darüber schreiben, ob der erste, zweite oder dritte Teilnehmer größere Bedeutung besitzt; im großen und ganzen kommt dabei jedoch nichts heraus. Volkswirte und spekulative Philosophen haben sich Jahrhunderte lang den Kopf über dieses Thema zerbrochen; dennoch wurde bis auf den heutigen Tag keine endgültige Antwort auf diese Frage gefunden, noch wird in Zukunft jemals eine solche Antwort gefunden werden, weil eben jeder der drei Teilnehmer gleich wichtig und gleich notwendig ist. Es gibt in diesem Falle keinen Ersten, Zweiten und Dritten – keine Rangordnung! Alle drei sind voll und gleich berechtigte Glieder des Dreibundes, welcher die industrielle Welt beherrscht. Geschichtlich genommen, bestand Arbeit lange vor dem Kapital und der geschäftlicher Tüchtigkeit. Denn Adam und Eva hatten kein Kapital, und nach den Ergebnissen ihrer Arbeit zu schließen, war keiner von beiden mit besonderem Geschäftssinn begabt – doch all das ereignete sich, bevor das Industriezeitalter anbrach und großer Kapitalaufwand nötig wurde.

In unserer Zeit sind Kapital, Geschäftstüchtigkeit und Handarbeit die Beine eines dreibeinigen Stuhls. Solange die drei Beine gesund und fest stehen, steht auch der Stuhl fest. Sobald aber eines dieser drei Beine schwach und gebrechlich wird, einbricht oder gar verschwindet, bricht der Stuhl zusammen. Und solange das fehlende Bein nicht wiederhergestellt ist, bleibt der Stuhl unbrauchbar. Aus diesem Grunde befindet sich auch der Kapitalist, welchen Kapital wichtiger dünkt als eines der andern Beine, ganz und gar im Irrtum. Die Unterstützung der beiden anderen Beine bleibt für ihn unumgänglich. Ohne diese beiden, ja selbst ohne eines der beiden, fällt der Stuhl um.

Ebenso irrt geschäftliche Tüchtigkeit, wenn sie glaubt, ihr Bein sei das wichtigste.

Schließlich wollen wir nicht vergessen, daß auch Arbeit irrt, und zwar sehr stark, wenn sie für sich größere Wichtigkeit beansprucht. Diese Anschauung ist oft genug die Quelle betrüblicher Mißverständnisse gewesen.

Alle drei sind gleichberechtigte Glieder desselben Ganzen. Vereinzelt schaffen sie wenig, vereint aber können sie Wunder wirken. Daher haben sie auch, obwohl zwischen ihnen zeitweise unglückliche Differenzen auftauchen, das neue Jahrhundert zum wohltätigsten für die Menschheit gemacht.

Die Menschheit bietet heute überall, sowohl materiell wie sittlich genommen, ein besseres Bild denn je zuvor, und ich bin der Überzeugung, daß sie noch erhabenere Höhen beschreiten wird, erhabenere als selbst der größte Idealist unserer Zeit in seinen Träumen sich vorzustellen vermag.

Kapital, Geschäftstüchtigkeit und Arbeit müssen vereint sein.

Der ist ein Feind aller drei, welcher versucht, Zwietracht zwischen ihnen zu säen.

SPAREN EINE PFLICHT

Pflichten reicher Leute

Die Wichtigkeit dieses Themas ergibt sich aus der Tatsache, daß die Gewohnheit des Sparens einen der Hauptunterschiede zwischen wilden und zivilisierten Menschen ausmacht. Zu den Grundverschiedenheiten zwischen kultiviertem und unkultiviertem Leben gehört eben das Fehlen von Sparsamkeit in dem einen und ihr Vorhandensein im anderen Falle. Wenn Millionen Menschen auch nur eine Kleinigkeit ihres täglichen Einkommens sparen, so machen diese winzigen Summen doch eine ungeheure Summe aus. Diese Summe nennt man das Kapital, über welches so viel geschrieben wird. Wenn jeder all das, was er täglich verdient, wie die Wilden verzehrte und verpraßte, gäbe es überhaupt kein Kapital, das heißt keine Ersparnisse für zukünftigen Gebrauch.

Lassen Sie uns nun einmal sehen, wozu Kapital in der Welt nützlich ist. Wir wollen uns überlegen, was die Schiffbauer tun, wenn sie ein großes Schiff zu bauen haben. Die großen Gesellschaften anerbieten sich zum Bau eines solchen Seeungeheuers – sagen wir, zu einem Preise von 10 Millionen Mark; dieser Preis ist erst dann zu zahlen, wenn das Schiff nach erfolgreichen Versuchen abgeliefert wird. Wie und woher nehmen nun die Schiffbauer das Geld zur Zahlung ihrer Arbeitsleute, des

Holzhändlers, des Stahlfabrikanten und all der anderen Leute, die das Material zum Bau des Schiffes liefern? Von nirgendwo anders als aus den Ersparnissen zivilisierter Menschen. Es ist ein Teil des von Millionen fleißiger Menschen ersparten Geldes. Jeder einzelne spart ein bißchen, tut das Ersparte in einen Beutel und leiht es den Schiffbauern, welche für die Benutzung des Geldes Interessen zahlen. Genau gleich läuft es mit dem Bau von Fabriken, Eisenbahnen, Kanälen und allem anderen, was viel Geld kostet. Wir wären heute nicht viel weiter fortgeschritten als die Wilden, verfügten wir nicht über Erspartes.

Sparen ist deshalb erste Pflicht. Sparsamkeit ist die Voraussetzung jedes Fortschrittes. Ohne Ersparnisse keine Eisenbahnen, keine Kanäle, keine Schiffe, keine Telegrafen, keine Kirchen, keine Universitäten, keine Schulen, keine Zeitungen, kurz nichts von dem, was groß und kostspielig ist. Der Mensch muß Sparsamkeit üben und Geld beiseite legen, ehe er etwas Substantielles von großem Werte hervorzubringen vermag. Nichts konnte gebaut und nichts gemacht werden, solange der Mensch als Wilder lebte, der das Sparen nicht kannte. Die erste Pflicht der Zivilisierten verlangt daher schon vom jungen Menschen, daß er daran denke, für seine eigene Zukunft und die Zukunft derer, die von ihm abhängen, Vorsorge zu treffen. Wenige Regeln sind so wichtig und heilsam wie das von den meisten weisen und guten Menschen befolgte Gesetz, daß die Ausgaben stets geringer sein müssen als die Einnahmen. Mit anderen Worten: Man zeige sich als zivilisierter Mensch, indem man etwas beiseite legt, und nicht als Wilder, der immer wieder alles aufbraucht, was er einnimmt.[1] Das ist ein gesunder Rat, welchen, wie ich hoffe, der Leser sich zu Herzen nehmen und auch befolgen wird. Kein stolzer, sich selbst achtender Mann kann jemals glücklich oder auch nur zufrieden sein, wenn er von anderen abhängt. Derjenige, der abhängig ist, hat nicht die volle Höhe der Männlichkeit erreicht und kann kaum unter die würdigen Staatsbürger gezählt werden. Sicherheit und Fortschritt eines Landes sind weder von den Hochgebildeten oder den Millionären abhängig, sondern von der Masse der nüchternen, intelligenten, fleißigen und sparsamen Arbeiter, die weder sehr arm noch sehr reich sind.

Die Pflicht des Sparens hat aber auch ihre Grenzen. Gewöhnlich ist der sparsame Mann auch ein guter Gatte, ein trefflicher Vater und ein friedlicher, den Gesetzen gehorsamer Bürger. Seine Ersparnisse müssen auch nicht so groß sein. Es ist überraschend, mit wie wenig Geld man die nötigen Lebensbedürfnisse zu erfüllen vermag. Ein kleiner schuldenfreier Haushalt und wenige hundert Pfund, ganz wenige – das ist alles, was es braucht. Beides ist von sparsamen Leuten schneller erworben, als man denkt.

Großer Reichtum ist etwas ganz anderes und viel weniger wünschenswert. Weder ist es der Zweck des Sparens noch eine Pflicht des Menschen, Millionen zu erwerben. Es ist ganz und gar keine Tugend, darin das Endziel zu

[1] Kurze Stelle mit einem Gedichtzitat gestrichen.

sehen; vielmehr endet die Pflicht des Sparens, sobald wir die, welche von uns abhängen, anständig versorgt haben. Millionen zusammenzuscharren ist nicht Sparsamkeit, sondern Geiz.

Allerdings ist es unter den bestehenden industriellen Verhältnissen unvermeidlich, daß wenige, sehr wenige weit über ihre Bedürfnisse hinaus Geld machen. Die Anhäufung von Millionen ist gewöhnlich das Ergebnis von Unternehmungsgeist, richtigem Urteil und außerordentlicher Organisationsfähigkeit. Es ist kein Ergebnis gewöhnlichen Sparens. Leute, die im Alter nur darauf aus sind, ihr schon großes Vermögen noch zu vermehren, sind gewöhnlich Sklaven ihres schon in jungen Jahren hervorgetretenen Geizes. Zuerst sind sie die Herren des Geldes, welches sie erworben und erspart haben, später wird das Geld ihr Herr; sie können nicht mehr anders, so übermächtig ist die Macht der Gewohnheit, im Guten wie im Bösen. Mißbrauch, nicht rechter Gebrauch des Sparens bringt diese Klasse von Leuten hervor.

Nie wird jemand diesem Sparmißbrauch zum Opfer fallen, der sich immer vor Augen hält, daß Reichtum etwas heilig Anvertrautes ist; er ist verpflichtet, ihn zum Wohle seiner Mitmenschen zu verwenden. Ein rechter Mann muß stets sich selbst zu meistern wissen. Er soll Geld wie einen nützlichen Diener benutzen. Geld darf niemals sein Herr und er niemals zum Geizhals werden.

Natürlich hat der Mann die Pflicht, sich ein ausreichendes Vermögen zu erwerben und sich selbständig zu machen. Damit aber endet seine Pflicht keineswegs. Seine weitere Pflicht ist es, etwas für seine bedürftigen

Nachbarn zu tun, die vom Glück weniger begünstigt sind als er; seine Schuldigkeit, zum allgemeinen Besten der Gemeinschaft beizutragen, in welcher er lebt. Genießt er doch den Schutz ihrer Gesetze; und dieser Schutz ermöglicht es ihm, durch seine Unternehmungen für sich und seine Familie zu sorgen.

Alles, was er mehr erwirbt, gehört nach Recht und Gerechtigkeit der schützenden Macht, die ihn gepflegt und ihm ermöglicht hat, finanziellen Erfolg zu erringen. Der Versuch, die Welt besser zu machen, als man sie vorgefunden, ist ein edler Lebenszweck. Dein Überfluß soll zur Verbesserung deines Charakters beitragen und dich unter die Edelleute des Charakters einreihen. Du sollst verstehen, daß die Gewohnheit des Sparens eine Pflicht ist. Erweise dich als zivilisierter Mensch, und gib nicht alles aus wie ein armer Wilder.

Für die Fußnoten verwendete Literatur

Der Große Brockhaus, 18. Auflage, Wiesbaden 1977 ff.
Encyclopaedia Britannica; Chicago, London, Toronto 1960 ff.

Übersetzungsnachweis

»Wie ich meine Lehre bestand« aus: Andrew Carnegie: *Das Evangelium des Reichtums und andere Zeit- und Streitfragen.* Autorisierte Übersetzung von Paul Leonhard Heubner. Leipzig 1907.
»Das Evangelium des Reichtums« neu übersetzt von Antoinette Gittinger.
»Das Problem des Reichtums« aus: Andrew Carnegie: *Kapital und Arbeit. Die Probleme unserer Zeit.* Autorisierte deutsche Übertragung von Joseph. M. Grabisch. Leipzig o.J.
Alle anderen Texte aus: Andrew Carnegie, *Kaufmanns Herrschergewalt.* Autorisierte Übersetzung von E. E. Lehmann, 3. Auflage, Berlin 1904.

NACHWORT

Von Mario Florin

Hütten des Industrieproletariats in New York um 1875.

Andrew Carnegie muß ein Mann von einer starken vorwärtstreibenden Vitalität gewesen sein, ein Mann der Tat. Am Ende seiner Unternehmerlaufbahn war er der Herr des weltweit größten Industrieunternehmens für die Produktion von Stahl. Ohne einen starken inneren Motor, ohne eine gute Portion Geltungsdrang, Selbstbewußtsein und die Neigung, sich und sein Unternehmen vor alles andere zu stellen, kommen solche Leistungen nicht zustande.

Und doch sind seine Reden und Aufsätze die Texte eines Mannes, der unter dem Druck stand, seinen enormen Reichtum zu rechtfertigen. Alles, was er sagt, hat sich diesem Ziel unterzuordnen; Ungereimtheiten in den Texten können unter dieser Bedingung nicht ausbleiben. Seine Überlegungen sind oft großspurig und egozentrisch, sie sind manchmal für den heutigen Begriff politisch unkorrekt und paternalistisch – und doch finden sich bei ihm Aussagen, die von tieferen ethischen Einsichten zeugen, als sie seine sozialdarwinistischen Zeitgenossen[1] vertraten oder sie heute die Anhänger des Neoliberalismus verkünden. Carnegies Eintreten für

[1] Siehe S. 46, Anm 7.

eine progressive Erbschaftssteuer oder für eine staatlich regulierte Höchstarbeitszeit von acht Stunden muß als geradezu fortschrittlich bezeichnet werden; noch viel mehr gilt dies für seinen Versuch nachzuweisen, daß die Millionäre ihren Reichtum der Allgemeinheit zu verdanken haben. Daß er in seinen eigenen Stahlwerken das Experiment des Acht-Stunden-Tages nicht durchhielt und zum Zwölf-Stunden-Tag zurückkehrte, ist eine jener Inkonsequenzen, die eine ruhige und objektive Auseinandersetzung mit ihm erschweren.

Zu seinen Widersprüchen gehört auch, daß dieser Mann, der sein Leben dem Aufhäufen von Reichtum (»Materiellem«) widmete, eine enorme (wenn auch etwas oberflächliche) Hochachtung vor allem »Geistigen« hatte. Er umgab sich gerne mit Schriftstellern und Philosophen und verkehrte in literarischen Salons. Aus dieser Haltung heraus schrieb er 1868 für sich selber folgenden Rechenschaftsbericht:

> Dreiunddreißig Jahre alt und ein Einkommen von $ 50 000 im Jahr. In zwei Jahren kann ich meine Geschäfte so einrichten, daß ich mindestens $ 50 000 im Jahr auf sicher habe. Verdiene nie darüber hinaus, unternimm keine Anstrengungen, das Vermögen zu vermehren, sondern verwende den Überschuß jedes Jahr für wohltätige Zwecke. Geschäfte für immer beiseite legen, es sei denn für andere.
>
> Mich in Oxford niederlassen u. eine gründliche Ausbildung durchlaufen, die Bekanntschaft von Literaten machen – das wird mich drei Jahre aktiver Ar-

beit kosten –, dabei auf das Sprechen in der Öffentlichkeit besonderes Gewicht legen.

Mich in London niederlassen u. den Mehrheitsanteil an einer Zeitung oder Radiosendung kaufen u. deren Leitung besondere Beachtung schenken, an öffentlichen Angelegenheiten teilnehmen, vor allem an Angelegenheiten, die die Erziehung und die Verbesserung der Lebensumstände der ärmeren Klassen betreffen.

Der Mensch muß etwas haben, das er anbeten kann – Das Anhäufen von Gold ist eine der schlimmsten Arten von Götzenverehrung. Kein Idol entwürdigt mehr als die Verehrung des Geldes. ... Noch viel länger von Sorgen um das Geschäft niedergedrückt sein und mit fast allen Gedanken, die immer um die Frage kreisen, wie ich in kürzester Zeit möglichst viel Geld machen kann, das muß mich in einem Maße degradieren, das keine Hoffnung auf bleibende Genesung mehr erlaubt.

Ich werde mich mit fünfunddreißig aus dem Geschäftsleben zurückziehen, aber in den kommenden zwei Jahren werde ich die Nachmittage mit Bildung und systematischer Lektüre verbringen.[2]

Es sollte allerdings nicht zwei, sondern zweiunddreißig Jahre dauern, bis sich Carnegie gegen Ende 1900 aus

[2] Wall, *Andrew Carnegie,* S. 224–225. Walls über 1100 Seiten starkes Buch ist an Materialreichtum wohl nicht zu überbieten. Es gibt eine kritische Sicht Carnegies, die aber auch von seinem Charme und seiner Liebenswürdigkeit weiß. Dieses Nachwort beruht zu weiten Teilen auf Walls großartigem Werk.

dem Geschäftsleben zurückzog und sein Leben ganz in den Dienst seiner Ideale stellte.

I.

In der Regel findet sich in der bescheidenen Hütte der Armen eine höhere Befriedigung als im Palast der Reichen. (S. 13)

Der Junge aus armer Familie, der es dank seiner Tüchtigkeit und Sparsamkeit, dank seines Willens, Organisationstalents und Geschäftsinstinkts zum Multimillionär gebracht hat: so hat sich Carnegie gerne gesehen und dargestellt. *From Bobbin-Boy to Millionaire* (Vom Spulenjungen zum Millionär) heißt denn auch einer seiner Aufsätze. Carnegies Familie mußte 1848 – Andrew war damals 13 Jahre alt – aus dem schottischen Dumferline nach den Vereinigten Staaten emigrieren, weil sein Vater seine handgewobenen Stoffe nicht mehr verkaufen konnte. William Carnegie war eines der vielen Opfer der beginnenden Industrialisierung im Textilsektor; einige Zeit zuvor hatte in Dumferline eine mit Dampf betriebene Maschinenweberei zu arbeiten begonnen, die vielen Handwebern die Existenzgrundlage zerstörte. Den Tag, als sein Vater ihm gesagt hatte, er könne seine Arbeit nicht mehr verkaufen, sollte Carnegie später als seine erste Lehre bezeichnen. Dies habe sich ihm so tief eingeprägt, daß er beschloß, das Gespenst der Armut aus dem Haus zu vertreiben (S. 10).

In Pittsburgh mußte Andrews Vater bald feststellen, daß seine Fähigkeiten auch hier nichts mehr galten. Er sah sich gezwungen, als Hausierer seine handgewobenen Tücher von Haus zu Haus zu einem mageren Gewinn zu verkaufen, um dann schließlich doch in der Fabrik zu landen. Immerhin gelang es den Eltern, vor allem dank der energischen und lebenstüchtigen Mutter, einen gewissen Lebensstandard beizubehalten. Zwei Jahre nach ihrer Ankunft in den Vereinigten Staaten hatten sie ihre Schulden abbezahlt und ein Haus gekauft. Als ein Verwandter seiner Mutter nahelegte, Andy könne als Hausierer auf den Kais gute Geschäfte machen, kam es zu einer dramatischen Szene:

> Meine Mutter saß gerade bei einer Näharbeit. Aber sie sprang auf und hielt jenem ihre ausgestreckten Hände vor das Gesicht: »Was! Mein Sohn soll hausieren gehen und sich zwischen dem Gesindel auf den Kais herumtreiben! Lieber mag er gleich in den Allegheny[3]. Hinaus mit Ihnen!« rief sie und wies Mr. Hogan die Tür. Er ging, ohne noch ein Wort zu verlieren. Sie stand da wie eine tragische Königin. ... Nur der Grund zu diesem Ausbruch war ein anderer; nicht weil die vorgeschlagene Beschäftigung eine niedrige Arbeit war – denn man hatte uns von klein auf gelehrt, daß Müßiggang aller Laster Anfang sei –, sondern weil in ihren Augen die vorgeschlagene Tätigkeit in ihrer ganzen Art etwas an Landstreiche-

[3] Fluß bei Pittsburgh.

rei erinnerte und kein recht respektabler Beruf war. Lieber sterben als auf solche Vorschläge eingehen. … Wenn ich auf diese alten Geschichten zurückblicke, so kann ich das eine wohl sagen: Es gab im ganzen Land keine stolzere Familie. Jeder einzelne von uns war von einem ausgeprägten Ehrgefühl, von großer Liebe zur Unabhängigkeit, von hoher Selbstachtung durchdrungen.[4]

So arm, daß sie sich nicht einen gewissen Stolz erlauben konnte, war die Familie also nicht. Wenn Carnegie von der Armut seiner Kindheit spricht, übertreibt und verklärt er. Armut wird ihm zur Idylle: intaktes Familienleben, Harmonie, Freiheit von verwirrenden Sorgen, von sozialem Neid und Eifersucht; die Eltern haben Zeit für die Kinder, und über allem scheint ein Glanz von Liebe und Solidarität. Diese glücklichen, aber bescheidenen Lebensumstände sind es, so Carnegie, die im tüchtigen jungen Mann den Willen zur Verbesserung seines Lebens wecken; diesen Familien entstammen in aller Regel »starke, hervorragende, selbstbewußte Männer« (S. 14), von denen einige es zum Millionär bringen werden: »Ich beglückwünsche diejenigen Leute, die arm geboren sind, weil Armut sie zwingt, hart zu arbeiten« (S. 66).

Die verwöhnten Söhne der Reichen hingegen werden aller Wahrscheinlichkeit nach im Leben versagen, weshalb man mit ihnen – und nicht mit den Söhnen der Armen – Mitgefühl haben muß (S. 14). In diesem Sinne

[4] *Geschichte meines Lebens,* S. 76.

kann Carnegie sogar von den »Vorteilen der Armut« *(The Advantages of Poverty)* sprechen. Es wäre deshalb falsch, die Armut abzuschaffen, viel besser würde man den Luxus abschaffen. Das ist von Carnegie nicht zynisch gemeint, auch wenn dieser Lobpreis der Armut durch gerade ihn befremdet. Carnegie hatte immerhin insofern das Recht, so zu sprechen, als er selber eine Vom-Tellerwäscher-zum-Millionär-Karriere realisierte. Für wie viele Jungen aus armer Familie dieser amerikanische Traum Wirklichkeit wurde, kann hier nicht untersucht werden, wissenschaftliche Untersuchungen legen indessen nahe, daß – entgegen der Überzeugung Carnegies – die Jungen aus reicher Familie es leichter hatten. Für Carnegie aber muß dieser Glaube eine beruhigende Wirkung gehabt haben: Er konnte sich als Vorbild und Beispiel für etwas begreifen, was auch andern möglich war; er hatte seine Chance ergriffen, wie auch andere sie ergreifen konnten.

Von der Armut etwa der Immigranten aus Osteuropa, die sich nicht verklären ließ, wollte Carnegie lieber nichts wissen, sie fiel nicht in seinen Zuständigkeitsbereich. Sollte ein Philanthrop – »gewöhnlich ein Mensch mit mehr Geld als Verstand«, so Carnegies markige Charakterisierung – auf die unglückliche Idee kommen, sein Geld auf der Straße zu verteilen, so sähe er sich bald von einer Menge trauriger Gestalten umringt. Faule, Trinker und Unwürdige (d. h. solche, die ihre Armut selber verschuldet haben) würden sich um sein Geld reißen: »Sind das wirklich noch Menschen, oder haben sie nur zufällig menschliche Gestalt?« (S. 156). Sie werden mit dem Geld des Philanthropen Orgien feiern und danach noch tiefer sinken als vorher. Es wäre deshalb besser, dieses Geld würde direkt ins Meer geworfen (S. 45). Nur ein idealistischer Verrückter wird von diesen Wesen erwarten, sie seien fähig, für sich selbst zu sorgen. Die Aufgabe, diese Armen dahin zu bringen, daß sie mit dem Geld vernünftig und nüchtern umzugehen wissen, weist Carnegie großzügig den Sozialisten zu (S. 156). Tatsächlich gab Carnegie, als er 1901 im großen Stile mit der Verteilung seines Vermögens begann, verhältnismäßig wenig für die Verbesserung der Lebensumstände der Armen aus. Als er einmal auf diese Problematik angesprochen wurde, antwortete er mit dem folgenden Bild: In einem Dampfkessel ist das Herz der Dampf, der Kopf die Einrichtung, die den Dampf kontrolliert und die Explosion des Kessels verhindert. Weisheit verlangt, daß das Herz immer mehr zum Schweigen gebracht werde.[5] Mit andern Worten: Auch wenn sich im Herzen Mitleid regen sollte, darf sich der Millionär nicht von diesem Mitleid überwältigen lassen. Die Armen sollen sich selber aus ihrer Misere herausarbeiten; wenn ihnen dies nicht gelingt, so zeigt das, daß sie für den Überlebenskampf nicht fit sind. Auf keinen Fall ist es Aufgabe des Staates, ihnen zu helfen. Mit dieser Auffassung stand Carnegie keineswegs allein; sie wurde von den sogenannten Sozialdarwinisten, der führenden philosophischen Richtung der Zeit, vertreten, die die Evolutionslehre Darwins auf die Gesellschaft übertrug.

[5] Wall, *Andrew Carnegie,* S. 845.

II.

Anstatt zu fragen, was muß ich für meinen Prinzipal tun, fragen Sie sich, was kann ich für ihn tun? (S. 58)

Tom Scott[6], seinem unmittelbaren Vorgesetzten bei der *Pennsylvania Railroad*, gegenüber verhielt sich Carnegie zweifellos genau so, wie er es später jungen Kaufleuten empfahl: Er las ihm die Wünsche von den Augen ab. Er dachte unermüdlich an die Interessen des Unternehmens, arbeitete hart, war ehrgeizig und glaubte an sich selbst. 1855, als Zwanzigjähriger, gab er eine Probe seines Selbstbewußtseins: Als Scott während einiger Tage das Büro verlassen mußte, machte er Carnegie zu seinem Stellvertreter. Bei einem Unglück, das durch Nachlässigkeit der Arbeiter herbeigeführt worden war, zeigte Carnegie Führungsstärke und entließ den Verantwortlichen. Scott fand diese Maßnahme zwar übertrieben, deckte aber Carnegie[7]. Und dieser hatte ›Aufmerksamkeit erregt‹ (S. 82), auch wenn dies einen andern die Stelle kostete.

Ein andermal unterrichtete ihn ein Bahnangestellter,

[6] »Mr. Scott war der wohlwollendste Vorgesetzte, den man sich denken konnte. Ich schloß mich bald recht eng an ihn an. Er war für mich der ›große Mann‹, und alle Heldenverehrung, die ein junger Mann in sich trägt, konzentrierte sich bei mir auf ihn. In meinen Gedanken und Wünschen sah ich ihn schon bald als Präsidenten der großen Pennsylvaniabahn – eine Stellung, die er späterhin wirklich einnahm« *(Geschichte meines Lebens,* S. 130). Siehe auch S. 17 ff.

[7] *Geschichte meines Lebens,* S. 135.

Eisenbahnbau um 1866.

dem er einmal einen Dienst geleistet hatte, über einen bevorstehenden Streik und gab ihm die Liste der Streikführer. Der beflissene junge *clerk* gab diese Informationen gleich seinem Prinzipal Scott weiter, der tags darauf diese Männer entließ.[8] Wieder dachte Carnegie vollständig in den Kategorien des Arbeitgebers. Das mag mit

[8] *Geschichte meines Lebens,* S. 153.

seinem Ehrgeiz, seiner nahen Beziehung zu Scott und auch der Dankbarkeit, die er diesem gegenüber empfand, zu erklären sein. Noch in seiner Autobiographie zeigt sich Carnegie nicht vom Hauch eines Zweifels berührt, ob dieser Streik nicht vielleicht seine guten Gründe gehabt haben könne.

1859 wurde Scott Vizepräsident der Gesellschaft, und Carnegie erhielt Scotts früheren Job als *superintendent* (Oberaufseher) der *western division* (das Wort *division* verweist auf die Nähe der Bahngesellschaften zum Militär, siehe unten S. 189). Das Angebot zum nächsten Karriereschritt schlug er 1865 aus.

Gleichzeitig zu dieser Karriere als Verwaltungskader der *Pennsylvania Railroad (PRR)* machte Carnegie, wiederum gefördert von Scott, eine Karriere als Investor und Finanzmann. Scott überzeugte ihn 1856, Aktien der *Adam Express Company* zu kaufen. 1863 zahlten sie $ 1440 an Dividenden aus; sie bildeten damit den Grundstock von Carnegies Vermögen. Vor und nach 1865, dem Jahr der Kündigung bei der *PRR*, investierten Thomson[9], der Präsident der *PRR*, Scott und Carnegie in verschiedene Firmen, die in irgendeiner Beziehung zur Eisenbahngesellschaft standen: in Woodruffs Schlafwagengesellschaft, in eine Telegrafengesellschaft, in den Bau von Eisenbahnbrücken. Sie waren also, je nach Gesellschaft, gleichzeitig Käufer und Verkäufer derselben Produkte.

Während der Börsenpanik von 1873 ging die Freundschaft mit Scott in Brüche: Scott hatte, im Glauben an

[9] Siehe S. 97, Anm. 4.

seinen anhaltenden Erfolg, hochverzinsliches Geld für den Bau einer Eisenbahnlinie aufgenommen, das er nun nicht zurückbezahlen konnte. Carnegie weigerte sich, für ihn zu bürgen, weil er damit seine eigene Firma riskierte. Diese Weigerung kostete ihn Scotts und Thomsons Freundschaft, rettete aber seine Kreditwürdigkeit und seinen Namen als Geschäftsmann.

Carnegies wiederholte Warnungen vor der Spekulation – sie ist neben dem Trinken und den Bürgschaften eine der drei Hauptgefahren für den Kaufmann (S. 54) – können auch als Rechtfertigung dieser Weigerung gelesen werden.

III.

> *Ich will meine Geschichte erzählen,*
> *als ob ich im Kreise meiner Freunde*
> *säße, und nicht um mich vor der*
> *Öffentlichkeit zur Schau zu stellen.*[10]

Entgegen seinen Beteuerungen am Anfang der Autobiographe trieb Carnegie mit seinen Schriften durchaus Imagepflege. Dabei verfälschte er die Fakten manchmal massiv. Die Erzählung etwa, wie es zur Gründung der *Woodruff Sleeping Car Company* gekommen sei, entspricht nicht den Tatsachen. Hier spielt sich Carnegie als Entdecker des Erfinders des Schlafwagens auf (S. 21). Woodruff hingegen erzählte die Geschichte völlig anders. Er

[10] *Geschichte meines Lebens*, S. 27.

wies darauf hin, daß seine Schlafwagen schon auf einigen andern Linien gefahren seien, bevor er und Carnegie sich kennengelernt hätten. Er habe zuerst mit dem Direktor der *Pennsylania Railroad,* Thomson, Kontakt aufgenommen, und nicht etwa mit Carnegie. Wall[11] hält Woodruffs Variante für die wahrscheinlichere, denn dieser sei damals tatsächlich kein unbekannter Mann mehr gewesen. Für Carnegies Version der Geschichte gibt es nach Wall keine Anhaltspunkte; deshalb ist es auch unwahrscheinlich, daß Woodruff Carnegie aus Dankbarkeit einen Anteil am neuen Unternehmen überlassen habe. Viel wahrscheinlicher ist, daß Scott und Thomson Carnegie am Kapital beteiligen mußten, weil sie, um nicht als Teilhaber der neuen Gesellschaft in Erscheinung zu treten, ihren Anteil auf seinen Namen überschrieben.

Eine Erinnerungsfälschung der liebenswürdigen Art ist Carnegies Bericht der Finanzierung seines ersten Aktienkaufes. In seiner Rede »Wie ich meine Lehre bestand« (S. 20) und auch in seiner Autobiographie erzählt er, seine Mutter habe das Geld aufgetrieben, indem sie eine Hypothek auf ihr Haus aufgenommen habe. Leider ist diese schöne Geschichte höchstens halb wahr. Wall hat nämlich unter den nachgelassenen Papieren Carnegies einen Zettel gefunden, mit welchem sich Carnegie am 17. Mai 1856 verpflichtet, Scott innerhalb von sechs Monaten $ 610 zu bezahlen. Scotts Unterschrift vom 1. November bezeugt, daß er das Geld erhalten hat. Das kann nur bedeuten, daß Scott Carnegie diese Sum-

[11] Wall, *Andrew Carnegie,* S. 138–143.

me vorgeschossen hatte. Erst im Frühling 1858 wandte sich Carnegie an seine Mutter, die nun eine Hypothek auf das Haus aufnahm. Dieses Geld aber brauchte er bereits für eine andere Investition. Sehr schnell hatte er gelernt, wie man ohne eigenes Geld, und ohne zu arbeiten, »Geld macht«.[12]

IV.

Der junge Mann will versuchen,
seine Suppe selbst zu kochen. (S. 123)

1865 gab Carnegie seine Stelle bei der *Pennsylvania Railroad* auf, um sich ausschließlich seinen Geschäften zu widmen (S. 23). In seinem Selbstverständnis war er erst jetzt, da er auf eigene Rechnung arbeitete, ein rechter Geschäftsmann – im Gegensatz zu den Managern der Trusts, die ein Leben lang Angestellte bleiben. Er profitierte aber auch in den nächsten Jahren von seinen guten Beziehungen zu Thomson und Scott, d.h. zu der *Pennsylvania Railroad* als Kundin und Auftraggeberin.

Als Carnegie 1865 kündigte, war er bereits ein reicher Mann; er ging also mit seiner Selbständigkeit kein großes Risiko ein. Als Eisenbahnangestellter hatte er zuletzt $ 2400 im Jahr verdient, also knapp vierzigmal mehr als an seiner ersten Stelle 17 Jahre zuvor. Aber seinen Reichtum verdankte er natürlich nicht seinem Gehalt; seine

[12] Wall, *Andrew Carnegie,* S. 133–134.

Investitionen und Spekulationen hatten ihm schon 1863 $ 45 460 eingebracht. 1868 besaß er Papiere im Wert von $ 400 000, die $ 56 640 ausschütteten. Die Zeit der harten Arbeit war vorbei. Carnegie unterbrach von nun an seine Arbeit durch Reisen und ausgedehnte Ferien und widmete sich zeitweise ausführlich der (englischen) Politik.

In den Jahren zwischen 1865 und 1872 entwickelte sich Carnegie zu einem gerissenen Finanzmann und Spekulanten. Er lernte zu investieren, ohne eigenes Geld auszugeben. Es war damals üblich, Aktien in Raten abzubezahlen. Da in jener Boom-Zeit neue Unternehmen sehr schnell Dividenden abwarfen, war es möglich, die anstehenden Raten aus diesen Dividenden zu bezahlen.

Im Falle der *Woodruff Sleeping Car Company* bezahlte Carnegie nur gerade die erste Rate (mit einem Kredit), die nächsten Raten bezahlten sich bereits aus den Dividenden. Da er wußte, daß die *PRR* die Schlafwagen kaufen würde, riskierte er mit seiner Investition nichts. Bald kontrollierten Carnegie, Scott und Thomson die Firma. Woodruff wurde in den kommenden Jahren aus dem Geschäft gedrückt. Er war eines der ersten Opfer von Carnegies Expansionsdrang; 1875 ging er bankrott. Sieben Jahre später nahm ihn Carnegie auf die Liste jener Personen, denen er eine Pension ausbezahlte. Woodruff erhielt $ 200 im Monat, hatte aber nicht mehr viel davon; ein Jahr später wurde er von einem Expreßzug überfahren.

V.

Tun Sie alles in ein und denselben Korb, und passen Sie gut auf ihn auf. (S. 65)

Erst 1872 begann Carnegie, sich ausschließlich der Produktion von Stahl und der Herstellung von Schienen und andern Stahlprodukten zu widmen (»alle Eier in einen Korb zu legen«): »Ich wollte mich ganz auf die Eisen- und Stahlindustrie konzentrieren und es hier zum Meister bringen.«[13] 29 Jahre später (im Januar/Februar 1901), nach erreichter Meisterschaft, verkaufte er die Carnegie Company dem Finanzmann J.P. Morgan zum Wert von 480 Millionen Dollar. Zu diesem Zeitpunkt war die Carnegie Company die größte Stahlproduzentin der Welt. Die Wege dahin sind verschlungen und kompliziert und können hier nicht nachgezeichnet werden.

Harold C. Livesay[14] erklärt Carnegies geschäftliche Erfolge damit, daß dieser als erster seiner Branche nach neuen Organisationsmethoden gearbeitet habe. Diese Methoden habe er bei der *Pennsylvania Railroad* kennengelernt und danach auf die Schwerindustrie übertragen. Ein halbes Jahrhundert vor Taylors sogenannter »wissenschaftlicher Betriebsführung«[15] erfanden und ver-

[13] *Geschichte meines Lebens,* S. 284.

[14] Harold C. Livesay: *Andrew Carnegie and the Rise of Big Business* (edited by Oscar Handlin), Norwalk; Connecticut, 1988.

[15] Frederick Winslow Taylor (1856–1915), amerikanischer Betriebsorganisator, Begründer der sog. wissenschaftlichen Betriebsführung

wirklichten die Bahnen neue Methoden der Arbeitsorganisation und -kontrolle. Dazu wurden sie nur schon durch ihre Größe gezwungen: War die Produktionsanlage einer Fabrik im besten Fall vielleicht einige hundert Meter lang, so erstreckt sich die »Produktionsstätte« einer Bahngesellschaft, das Schienennetz, vielleicht über mehrere hundert Kilometer. Die »Produktion« von Bahnfahrten setzte also eine enorme Organisation voraus: Die Züge mußten rechtzeitig abfahren, ankommen und aneinander vorbeikommen. Fehler durften keine passieren. Die *Pennsylvania Railroad* begegnete diesen Problemen mit einer Verbesserung der Organisation und Kontrolle. Für die Organisationsstruktur gab es ein Vorbild: das Militär. Niemand sonst hatte so viel Erfahrung in der Beförderung großer Mengen von Menschen oder Material über weite Distanzen. Deshalb stellten die Eisenbahngesellschaften gerne ehemalige Offiziere an, Fachleute im Kontrollieren und Disziplinieren ihrer Untergebenen.

Die vielen Bahngesellschaften standen untereinander in einem unbarmherzigen Konkurrenzkampf. Sie hatten einen großen Kapitalbedarf, Kapital aber war teuer, die Zinsen auf Obligationen hoch. Um nicht bankrott zu gehen, mußten sie schnelle Gewinne erwirtschaften. Thomson und Scott lösten dieses Problem durch ein rigoroses Regime der Kostenkontrolle. Arbeitsabläufe wurden fortwährend nach Möglichkeiten von Einsparungen abgesucht. Zu diesem Zweck ließen die beiden

(Scientific Management). Hat die Arbeitsteilung perfektioniert, indem er die einzelnen Arbeitsabläufe empirisch erfaßte.

detaillierte Statistiken der beförderten Passagiere und Waren erstellen. Jeder Angestellte erhielt ein genaues Pflichtenheft *(Book of Rules)*, nach dem er beurteilt wurde. Wer seine Leistungen nicht erbrachte, wurde gefeuert, wer mehr leistete, befördert.

Die Einnahmen einer Bahn setzen sich aus vielen kleinen Beiträgen (Billette) zusammen, nicht aus mehreren großen wie in andern Industriezweigen. Um zu verhindern, daß die Angestellten Einnahmen für sich selber zurückbehielten, wurde von diesen eine genaue Buchführung verlangt. Diese mußte natürlich kontrolliert werden, was nur eine ausgebaute Bürokratie gewährleisten konnte.

Die Grundsätze, nach denen die *PRR* geführt wurde, wandte Carnegie auf die Produktion von Stahl an. Straffe Organisation und rigorose Kontrolle erlaubten es ihm, schneller und sparsamer zu produzieren. Geld verdient man, so hatte Carnegie bei der *Pennsylvania Railroad* gelernt, indem man den Produktionsfluß beschleunigt und das Volumen erhöht (größere und schnellere Züge fährt). In der Stahlindustrie aber war bisher genau das Gegenteil der Fall: Die einzelnen Schritte vom Rohmaterial bis zum Endprodukt waren auf verschiedene, voneinander unabhängige Produktionsstätten verteilt. Zwischenhändler verkauften von einem Produzenten an den andern, was natürlich die Kosten erhöhte und die Abläufe verlangsamte. Carnegie schaltete den Zwischenhandel aus, indem er die verschiedenen Bereiche durch Aufkäufe selber kontrollierte (sogenannte »vertikale Integration«). Als Lieferant von Schienen und

Die Edgar-Thomson-Eisenwerke der Carnegie Steel Company im Jahre 1875 (Ausschnitt).

Eisenbalken betrieb er nicht nur ein Walzwerk, sondern auch einen Hochofen. Mit den in seinen Werken hergestellten Stahlbalken baute er Brücken. Schließlich kontrollierte er die Förderung von Kohle und Eisenerz sowie die Eisenbahnen, die die Rohmaterialien anlieferten.

Um wo immer möglich die Kosten zu senken und der billigste Anbieter auf dem Markt zu sein, ließ Carnegie jeden Arbeitsschritt statistisch erfassen und auf sein Kostensenkungspotential überprüfen. Neue Anlagen wurden durch noch neuere ersetzt, wenn mit einer Einsparnis gerechnet werden konnte, Arbeiter wurden entlassen, wenn eine neue Maschine sie überflüssig machte, Löhne wurden gesenkt, wenn die Konkurrenz billiger produzierte. Carnegie bestätigt Livesays Beurteilung in seiner Autobiographie:

> Eine der Grundbedingungen für den Erfolg bei jeder Fabrikation ist die Einführung und strenge Durchführung eines gut ausgebildeten Berechnungswesens, das jeden einzelnen Mann zur Verantwortlichkeit für das ihm anvertraute Material oder Geld erzieht. Fabrikanten, die im Büro keinem kaufmännischen Angestellten fünf Dollar ohne Quittung anvertrauen würden, überließen doch Tag für Tag ganze Tonnen von Material den Arbeitern in den Werken, ohne von ihrer Oberaufsicht Rechenschaft zu verlangen, indem sie etwa hätten nachwiegen lassen, wieviel Material in verarbeiteter Form abgeliefert wurde. [16]

[16] *Geschichte meines Lebens,* S. 231.

VI.

Der Arbeitgeber weiß wenig oder gar nichts über die Arbeiter in seiner Fabrik. (S. 29)

1892 streikte die Belegschaft der Werke in Homestead, und es kam zu schlimmen Auseinandersetzungen, die Carnegie einen nachhaltigen Prestigeverlust und seiner Eigenliebe eine massive Schlappe versetzten.

Vor 1892 hatte Carnegie mit seinen Arbeitern relativ wenige Probleme oder konnte sie jeweils friedlich lösen. In Captain Bill Jones, dem Leiter der Edgar-Thomson-Werke, hatten die Arbeiter einen starken Befürworter ihrer Interessen. Er vertrat die Meinung, zufriedene Arbeiter würden besser arbeiten, und trat Carnegies Versuchen, die Lohnkosten zu senken, entgegen. Er überzeugte Carnegie sogar davon, es mit der Acht-Stunden-Schicht zu probieren.

Als Carnegie im Winter 1888 die Acht-Stunden-Schicht wieder aufheben wollte, kam es zum Streik. Nun führte er die Politik durch, die er für solche Fälle formuliert hatte. Er schloß die Werke, stellte aber – im Gegensatz zur üblichen Praxis – keine Streikbrecher ein. Nach fünf Monaten Streik erschien er persönlich vor den versammelten Arbeitern, und es gelang ihm, diese wieder zur Arbeit zu bringen.

1889 wollte Carnegie im Werk Homestead die gleitende Lohnskala einführen, d. h., er wollte die Löhne je nach Geschäftsgang heben oder senken. Kurz vor dem zu erwartenden Streik verreiste er zu seinem Halbjahresurlaub nach Schottland, die Verantwortung übergab er seinem Stellvertreter Abbot. Dieser verhandelte, setzte die gleitende Skala durch und akzeptierte gleichzeitig die Gewerkschaft als Verhandlungspartner, die damit gestärkt aus dem Streik hervorging; sie hatte nun ein Mitspracherecht bei der Einstellung oder Entlassung von Arbeitern, was vor allem Carnegies rechte Hand, Henry Clay Frick[17], der als Arbeiterfresser bekannt war, massiv ärgerte.

1892 lief der 1889 geschlossene Vertrag aus. Im neuen Vertrag wollten Carnegie und Frick das Minimum der gleitenden Skala auf $ 22 pro Tonne herabsetzen, denn Überproduktion und technologischer Fortschritt hatten die Preise für Stahl auf $ 24 einbrechen lassen. Die Arbeiter wollten das Minimum wie 1889 bei $ 25 belassen; sie waren also nicht bereit, eine weitere Lohneinbuße in Kauf zu nehmen.

Letztlich aber ging es Frick und Carnegie nicht um die gleitende Lohnskala, sondern darum, die Macht der Gewerkschaft zu brechen.

Wieder setzte sich Carnegie nach Schottland ab, nicht ohne zuvor Frick einen Blankocheck für den Umgang mit der Gewerkschaft gegeben zu haben. Frick stellte der Gewerkschaft Bedingungen, von denen er wußte, daß diese sie nicht akzeptieren konnte. Verhandlungen

[17] Henry Clay Frick (1849–1919). Von 1889–1892 Vorsitzender der *Carnegie Bros.* und zu dieser Zeit auch Carnegies Kronprinz. 1899 verkrachten sich die beiden Männer massiv, so daß Carnegie Frick ausbezahlen mußte.

scheiterten, Frick ließ die Werke schließen und mit einem Palisadenzaun mit Wachtürmen und Schießscharten umgeben. Auf den 6. Juli bestellte er 300 Mann der berühmt-berüchtigten Detektivagentur *Pinkerton;* diese sollten das Werkgelände besetzen. Die Arbeiter kriegten Wind von der geplanten Besetzung, reihten sich am Kanal auf, auf dem die *Pinkertons* auf Schiffen eingefahren wurden, und nahmen diese unter Beschuß. Die Schlacht dauerte fast den ganzen Tag, erst gegen Abend kam ein Waffenstillstand zustande. Die Arbeiter versprachen den *Pinkertons* ungehinderten Abzug, konnten dieses Versprechen aber nicht einhalten: Vier *Pinkertons* wurden von der aufgebrachten Bevölkerung umgebracht, die übrigen verletzt. Während vier Tagen kontrollierten die Arbeiter die Werke, dann aber eroberte der Gouverneur von Pennsylvania mit 8000 Mann Militär die Werke für das Management zurück.

Frick stellte 700 Streikbrecher an; er wußte, daß der geschlossene Widerstand der Belegschaft bei Winteranbruch, bei Kälte und Hunger, zerbrechen würde. Tatsächlich erklärten die Gewerkschaften am 18. November den Streik für beendet. Für diejenigen Arbeiter, die sich wieder einstellen lassen konnten, änderten sich die Arbeitsbedingungen massiv: Löhne wurden bis um die Hälfte gekürzt, die gleitende Skala wurde aufgehoben, die Zwölf-Stunden-Schicht wieder eingeführt. In den nächsten Jahren stieg der Preis für Stahl um 40%, die Löhne aber nur um 10%.

Noch im Jahre 1900 bezeichnete ein Besucher der Homestead-Werke die Stimmung als freudlos, ja düster, geprägt von Enttäuschung, Hoffnungslosigkeit und Angst.

Carnegie hatte, im Gegensatz zu Frick, eine ausgesprochen schlechte Presse, seine Ferien in Schottland wurden als feige Flucht vor der Verantwortung gedeutet. Ihm, der sich früher zugunsten der Gewerkschaften ausgesprochen hatte, der ein paar Jahre zuvor sich mit dem *Gospel of Wealth* als Philanthrop profiliert hatte, wurde nun Unglaubwürdigkeit vorgeworfen.

In seiner Autobiographie versuchte er deshalb, die Dinge zurechtzurücken. Gegen den Vorwurf der Feigheit zitiert er einen Leserbrief seines Kompagnons Phipps, in dem dieser schrieb, Carnegie sei auf seinen und Fricks Wunsch nicht nach Amerika zurückgekehrt, weil diese befürchteten, er würde zu sehr auf die Wünsche der Arbeiter eingehen. Den Streik von Homestead schildert er als Erpressungsversuch einer kleinen Minderheit (218 von 3000 Arbeitern), auf den auch er nicht eingetreten wäre.[18] Diese Schilderung steht im klaren Widerspruch zu der Tatsache, daß das ganze Werk geschlossen streikte und dabei von der Bevölkerung von Homestead unterstützt wurde. Aus den *Pinkertons* macht Carnegie eine Abteilung Soldaten, die man habe kommen lassen, »um die 3000 Mann gegen die 218 zu schützen«.

Als er 1892 nach dem Streik wieder nach Pittsburgh zurückgekehrt sei – in Wirklichkeit war das erst im Januar 1893 –, habe er dort viele der alten Arbeiter getroffen,

[18] *Geschichte meines Lebens*, S. 367.

die sich nicht am Streik beteiligt hätten. »Sie gaben der Meinung Ausdruck, daß es, wenn ich zu Hause gewesen wäre, nie zum Streik gekommen wäre.« Einer der alten Walzarbeiter habe ihm sogar gesagt: »Ach, Mr. Carnegie, es handelte sich im Grunde gar nicht um das Geld. Von Ihnen hätten sich die Jungens schlagen lassen; aber von den andern wollten sie sich kein Haar krümmen lassen.«[19] Ob diese Geschichte stimmt oder nicht, sicher ist, daß Carnegie so gesehen werden wollte: als gerechter und geliebter Patron.

Eine weitere Episode aus diesen Ereignissen zeigt das noch deutlicher. Carnegie erzählt von einem Telegramm, das ihm seine treuen Arbeiter nach Schottland geschickt hätten: »Lieber, guter Herr (englisch: *Kind Master*), lassen Sie uns wissen, was wir tun sollen, und es soll für Sie geschehen.«[20] Ein solches Telegramm aber befindet sich nicht unter Carnegies Papieren, obwohl er bei der Arbeit an der Autobiographie während Wochen nach dem Telegramm oder nach Zeugen für die Niederschrift suchen ließ – und trotzdem war Carnegie davon überzeugt, die Arbeiter in Homestead hätten in ihm auch in dieser Situation den freundlichen Patron gesehen.[21] So wollte er gesehen werden, und so machte er sich die Erinnerung zurecht.

[19] *Geschichte meines Lebens,* S. 376.
[20] *Geschichte meines Lebens,* S. 371.
[21] Wall, *Andrew Carnegie,* S. 576.

VII.

Der Mann, der in Reichum stirbt,
stirbt in Schande. (S. 50)

Es war Charles Schwab, Carnegies damalige rechte Hand, und nicht etwa dieser selbst, der den Verkauf der Carnegie Corporation an J. P. Morgan an die Hand nahm, und zwar ohne vorausgehende Konsultation Carnegies. Carnegies Frau Louise hatte Schwab empfohlen, nach dem Golfspiel mit ihrem Manne über dieses heikle Thema zu reden. Also ließ Schwab eines Januarmorgens des Jahres 1901 Carnegie das Spiel gewinnen, eröffnete ihm danach seine Pläne und stellte ihn vor ein echtes Dilemma. Die eine Seite: Carnegie war unterdessen als Stahlproduzent so mächtig, daß sich ihm die Aussicht eröffnete, innert fünf bis zehn Jahren den Markt zu beherrschen. Die andere: seine philanthropischen Pläne und sein elf Jahre zuvor publiziertes »Evangelium des Reichtums«, in welchem er aller Welt verkündet hatte, der Mann, der in Reichtum sterbe, sterbe in Schande.

Am Tage darauf übergab Carnegie Schwab einen Zettel, auf dem er, der Mehrheitsaktionär, ohne mit den andern Aktionären auch nur ein Wort gewechselt zu haben, auf wenigen Zeilen seine Forderung aufgelistet hatte: Der Preis für die Carnegie Company beträgt $ 480 Millionen. Schwab ging mit dem Zettel zu Morgan, der einen Blick darauf warf und den Preis diskussionslos akzeptierte. Am 2. März desselben Jahres wurde die United States Steel Company gegründet, das erste Unternehmen der Welt mit einem Aktienkapital über einer Millarde Dollar (1,1 Millarden).

Nach diesem *deal* standen Carnegie an die $ 300 Millionen in Obligationen der United States Steel Company zur Verfügung, die jährlich mehrere Millionen an Zinsen abwarfen. Diese Summe mußte er, wollte er seiner Devise treu bleiben, noch vor seinem Tod sinnvoll verteilen. Carnegie war zu diesem Zeitpunkt 65 Jahre alt. Etwa zur selben Zeit ließ er sich an New Yorks 91. Straße, einem damals noch unbebauten Gebiet, für $ 1,5 Millionen ein Haus mit 64 Räumen und den neusten technischen Einrichtungen bauen. Skibo Castle, sein Schloß in Schottland, behielt er. – Carnegie hatte sich wirklich nur von seinem »überflüssigen Reichtum« getrennt.

Doch bald sollte er finden, Geld auszugeben sei wesentlich anstrengender, als es zu verdienen. Nach zehn Jahren philanthropischer Tätigkeit hatte er etwa $ 180 Millionen ausgegeben und besaß immer noch eine annähernd gleich große Menge. Seine Interessen hatten sich unterdessen von der Philanthropie auf die Friedensarbeit verlagert, und so beschloß er, die Verwaltung des Restes einer Stiftung zu überlassen, der (heute noch existierenden) *Carnegie Corporation*[22] in New York mit einem Stiftungskapital von $ 135 Millionen. Carnegie ließ sich bei seiner karitativen Tätigkeit vom Gedanken der Hilfe zur Selbsthilfe leiten. Er gab Geld dahin, wo er glauben konnte, daß die Beschenkten es dazu verwenden würden, sich selber weiterzubringen. Daher seine

[22] Marktwert des Stiftungsvermögens am 30. September 1999: $ 1,7 Milliarden. Die Stiftung schüttet jährlich etwa $ 60 Millionen aus.

Vorliebe für Bibliotheken: Sie sollten den Benützern zur Weiterbildung dienen (S. 103–104).

Und so sieht die Bilanz von Carnegies (bzw. der Carnegie Corporation) philanthropischer Tätigkeit in groben Zügen aus:

- 2811 öffentliche Bibliotheken, davon 1946 in den USA (eine andere Quelle spricht von 1679), 660 in Großbritannien und Irland. Kosten: ca. $ 60 Millionen. Er regte damit andere Millionäre zur Nachahmung an. Für das amerikanische Bibliothekswesen hat Carnegie Großes geleistet: 1876 gab es in den USA 188 Büchereien, 3873 im Jahre 1923.
- 7689 Kirchenorgeln, davon 4092 in den USA, 2119 in Großbritannien und 1005 in Schottland. Kosten ca. $ 6 Millionen.
- der *Carnegie Trust* (Stiftung) *for the Universities of Scotland,* die *Carnegie Institutes* in Pittsburgh und Washington, die *Carnegie School of Technology,* alles Stiftungen, deren Gelder für Forschung oder Erziehung verwendet wurden. Die Bibliotheken mitgerechnet, gingen etwa 80% der $ 300 Millionen an diesen Bereich.
- der *Carnegie Dunfermline Trust.* Carnegies Geburtsort Dunfermline erhält United-States-Steel-Obligationen im Wert von $ 4 Millionen, die jährlich $ 200 000 an Zinsen auszahlen. Mit seinen 27 000 Einwohnern war Dunfermline weltweit die Gemeinde mit der größten Unterstützung aus privater Hand.
- der Friedenspalast in Den Haag.

Natürlich wurde Carnegie für seine philanthropische Tätigkeit von den verschiedensten Seiten kritisiert, vor allem von jenen, die nichts erhalten hatten – aber auch von solchen, die nichts von ihm wollten. Seine Stiftungen von Bibliotheken waren an die durchaus sinnvolle Bedingung geknüpft, daß die beschenkten Gemeinden die Bibliotheken selber unterhalten müßten, in der Regel mit einem jährlichen Beitrag, der 10% von Carnegies Stiftung entsprach. 47 Gemeinden lehnten, entweder in einer Volksabstimmung oder durch Entschluß der Behörden, Carnegies Angebot ab. Ein Grund für die Ablehnung war die Steuer, die man für die Bestreitung des Unterhaltes hätte erheben müssen, ein anderer Grund war die grundsätzliche Ablehnung von Carnegies Geld, das seit den Ereignissen von Homestead für Arbeiter und Gewerkschafter als »blutbeflecktes« Geld galt.

VIII.

Der Wunsch meiner Kindheit
war, ein Mann zu werden
und einen König zu töten.[23]

Die in diesem Bande vorgestellten Reden und Aufsätze des Multimillionärs Andrew Carnegies haben eigentlich alle ein und dasselbe unausgesprochene Thema: den Multimillionär Andrew Carnegie mit seiner Frage: Wie

[23] Wall, *Andrew Carnegie*, S. 2.

kann ich rechtfertigen, daß ich so viel reicher bin als (fast) alle andern? Daß Carnegie – im Gegensatz zu seinen Berufskollegen, die weniger Skrupel hatten – von dieser Frage wirklich umgetrieben wurde, zeigt sich schon daran, daß er so oft und in immer neuen Anläufen über sie sprach.

Am überzeugendsten ist eine Rechtfertigung natürlich immer dann, wenn sie mit allgemeingültigen Gesetzen argumentieren kann. Bei Carnegie erfüllt das Gesetz des Wettbewerbs diese Aufgabe, vor dem es kein Entweichen gibt. Der Wettbewerb ist, so Carnegie und mit ihm alle Verteidiger des Kapitalismus, verantwortlich für den materiellen Fortschritt der Menschheit. In der Natur des Wettbewerbs aber liegt es, daß er Ungleichheit herstellt, daß er »unweigerlich nur wenigen Menschen zu Reichtum verhilft« (S. 33). »Aufgrund des Gesetzes des Wettbewerbs ist ein Arbeitgeber, der Tausende von Arbeitern beschäftigt, zu strengsten Sparmaßnahmen gezwungen, die vor allem die Löhne betreffen« (S. 28). Die Antwort auf die Frage, warum der Arbeitgeber Carnegie trotz des Zwanges zu strengsten Sparmaßnahmen so ungeheuer reich werden konnte, bleibt er uns allerdings schuldig. Gibt er keine Antwort, weil er im Grunde seines Herzens weiß, daß es diese Rechtfertigung nicht gibt? Daß alle Rechtfertigungen vor der ungeheuren Kluft zwischen seinem Reichtum und dem Leben derer, die zu diesem Reichtum beigetragen haben, ganz einfach in sich zusammenfallen? Daß Carnegies Halbjahresurlaube in Europa, seine Ferien in seinem Schloß in einem schottischen Hochmoor, angesichts einer 72-Stunden-Woche in der Hitze und im Rauch der Hochöfen Pittsburghs ganz einfach nicht zu rechtfertigen sind?

Es gibt durchaus Gründe, dies anzunehmen: Wenn Carnegie die Antwort wirklich gefunden hätte, so hätte er nicht immer wieder von neuem ansetzen müssen. Wäre er bloß ein gewissenloser, in sich ruhender Millionär gewesen, so hätte er nicht zu beweisen versuchen müssen, daß er seinen Reichtum letztlich der Allgemeinheit zu verdanken habe. (Wohl selten ist ein Millionär so sehr über seinen Schatten gesprungen wie Carnegie in »Das Problem des Reichtums«. Wenn es, abgesehen von seinen Stiftungen, so etwas wie »sein Vermächtnis« gibt, dann diese Schrift: Angesichts der Versuche multinationaler Konzerne, Allgemeingut wie Luft, Wasser und Erbgut zu privatisieren und zu kommerzialisieren, erhält sie unerwartete Aktualität.) Und er hätte nicht immer betonen müssen, der Kaufmann finde erst dann seine Erfüllung, wenn er sein Vermögen weggebe.

In diesem Druck, sich zu rechtfertigen, unterscheidet sich Carnegie von andern Multimillionären seiner Zeit. Wall und Livesay erklären ihn damit, daß Carnegie als Knabe in Schottland von seinem Vater und einem Onkel die Ideen des Chartismus kennengelernt habe. Der Chartismus war die erste englische Arbeiterbewegung; sie war organisiert in der *London Working Men's Organization* und in der *National Charter Association.* Ihren Namen hatte sie von der 1838 von W. Lovett verfaßten *People's Charter,* in der ein allgemeines, gleiches und geheimes Wahlrecht, eine Parlamentsreform und jährliche Parlamentswahlen gefordert wurden.

Carnegie verbrachte seine Kindheit also in einer Umgebung, in der viel über Demokratie gesprochen und in der für deren Einführung gekämpft wurde. Sich an diese Kindheitseindrücke erinnernd, sagte er einmal von sich, als Kind habe er einen König töten wollen. In Amerika sah er die Forderungen der Chartisten verwirklicht; Amerika war für ihn so perfekt – über Sklaverei und Korruption sah er hinweg –, daß es nur noch darum gehen konnte, den Briten die Überlegenheit seiner neuen Heimat zu predigen, was er in seinem Buch *Triumphant Democracy* (1886) denn auch in höchsten Tönen tat.

Doch mit zunehmendem geschäftlichem Erfolg verwandelt sich der junge Demokrat selber in einen König; anstatt einen König zu töten, erbaut er selber ein Königreich *(Empire of Business)*. Er herrscht über ein ganzes Heer von Untergebenen und weiß, was für diese gut ist, weiß es sogar besser als sie selbst. Er und ein paar andere Millionäre würden »einen idealen Staat schaffen, in dem der enorme Reichtum einiger weniger im besten Sinne das Eigentum vieler werden wird, da er für das Gemeinwohl verwaltet wird. Und dieses Vermögen kann in den Händen weniger viel eher zu einer starken Kraft werden, die zur Vervollkommnung unseres Geschlechts beiträgt, als wenn es in kleinen Summen an das Volk verteilt würde. Diese Erkenntnis kann sogar den Ärmsten begreiflich gemacht werden, so daß sie davon überzeugt sind, daß sie mehr Nutzen davon haben, wenn die Gelder aus dem Besitz einiger ihrer Mitbürger für öffentliche Einrichtungen verwendet werden, als wenn die Summen im Laufe vieler Jahre in Bagatellbeträgen an sie verteilt würden« (S. 40). Höhere Löhne für die Arbeiter? Almosen für die Armen? Das würde heißen, mit kleinen Beträgen die Kraft großer Geldsummen zu schwächen. Hat nicht der Millionär bewiesen, daß er am besten weiß, wie man Geld einnimmt? Also wird er es auch am sinnvollsten auszugeben wissen. Die Reichen werden so zu Treuhändern der großen Masse der Bevölkerung. Carnegie hat – darin war er konsequent – dieses Programm in seinem Sinne durchgehalten. Daß es als Modell einer Gesellschaft die Entmündigung fast der ganzen Bevölkerung bedeuten würde, hat er nicht bedacht, zu weit hatte er sich schon von seinen demokratischen Ansichten entfernt.

Ein kluger Theologe hat »Das Evangelium des Reichtums« 1891 mit den folgenden Einwänden kommentiert: »Mr. Carnegies Methode ist keineswegs eine Lösung der großen sozialen Frage, die Denken und Fühlen dieser Generation aufwühlt. Meine große Sorge ist die, daß Ethiker und Lehrer der Religion Carnegies Methode als Lösung akzeptieren werden. Ich aber kann mir keinen größeren Fehler denken, ..., als den, die Aufgabe der Gerechtigkeit der Wohltätigkeit zu übergeben. ... Die Annahme, Reichtum müsse sich notwendigerweise bei wenigen ansammeln und würde auch am besten von diesen für die Allgemeinheit verwaltet, macht aus der Frage nach der ökonomischen Gerechtigkeit eine Frage der Wohltätigkeit und läßt dabei die Frage nach der ursprünglichen Verteilung des Reichtums unbeantwortet bzw. beantwortet sie zur Zufriedenheit der wenigen Vermögenden. – Die sozialen und kulturellen Einrichtungen der Gesellschaft, deren Verbesserung und Verfeinerung, würden nach dieser Methode zum Gegenstand der Wohltätigkeit weniger, weil der reiche Wohltäter, wie Mr. Carnegie sagt, das besser kann als diese selbst. Genau so, wie früher behauptet wurde, die politische Gewalt müsse in den Händen weniger sein, weil sie dann besser verwaltet werde, so wird jetzt behauptet – ich zitiere Mr. Carnegie sinngemäß –, dem Millionär solle ein großer Teil des Volksvermögens anvertraut werden, weil er es besser im Sinne der Gemeinschaft verwalte als diese selbst. ... Innert gewisser Grenzen sind Geschenke der Reichen für die Gesellschaft durchaus ein Vorteil, aber wenn die Gesellschaft beginnt, mit Geschenken zu rechnen, beginnt sie ihre Selbstachtung zu verlieren.«[24]

[24] William Jewett Tucker, zitiert nach Wall, *Andrew Carnegie,* S. 810–815.

Für das Nachwort verwendete Literatur

Carnegie, Andrew: *Geschichte meines Lebens. Vom schottischen Webersohn zum amerikanischen Industriellen.* Mit einer Einführung von Ralf Dahrendorf. (Manesse Bibliothek der Weltgeschichte) Zürich 1992.

Livesay, Harold C.: *Andrew Carnegie and the Rise of Big Business,* Norwalk, Connecticut 1988.

Martin, Robert S. (ed.): *Carnegie denied. Communities Rejecting Carnegie Library Construction Grants 1898–1925.* Beta Phi Mu Monograph, Number 3. Westport Connecticut, London.

Wall, Joseph Frazier: *Andrew Carnegie,* Pittsburgh 1989.